Modèle conceptuel de d

Pierre-André Sunier

Modèle conceptuel de données

Pierre-André Sunier

Publié par Pierre-André Sunier, le 23 décembre 2016
https://sites.google.com/site/pasunier/home

Collection : *Système d'information informatisé de l'entreprise*

1) *Modèle conceptuel de données, Pierre-André Sunier, 180 pages, 2016*

2) *Modèle logique de données, Pierre-André Sunier, 120 pages, 2016*

© 2016, Pierre-André Sunier, Gorgier, Suisse

ISBN-13 : 978-1540844439

Avant-propos

Pourquoi ce livre ?

Au cours de plus de 30 ans d'enseignement, de travaux de recherche et de mandats de développement de logiciels de gestion, j'ai toujours rêvé d'avoir, une fois, le temps de mettre noir sur blanc :

- Les explications, compléments d'informations et autres exemples que je donne pendant les cours à mes étudiant-e-s et qui ne sont pas formalisés... pour ce qui a trait à mes activités d'enseignement.
- La perception de la démarche d'ingénierie du logiciel qui devrait permettre de produire des logiciels de gestion à partir de modèles et de générateurs de codes... pour ce qui a trait à mes travaux de recherche.
- La difficulté qu'il y a à concilier les attentes de la maitrise d'ouvrage[1] de logiciels de gestion et les services offerts par un produit logiciel. Plus particulièrement le dilemme entre la complexité du système d'information de l'entreprise[2] et la complication des logiciels de gestion... pour ce qui a trait aux mandats de tiers que j'ai reçus.

Maintenant, je prends ma retraite et j'aimerais vous faire profiter de ce temps de rédaction qui s'offre à moi. Je souhaite aborder les trois axes que je viens d'évoquer dans des livres consacrés au système d'information informatisé de l'entreprise.

Ce premier livre est au cœur de mes réflexions car :

- La modélisation des données a été le fil rouge de toute ma carrière d'enseignant mais aussi de chercheur et de prestataire de services;
- Les structures de données sont les éléments les plus stables des systèmes d'information. Il y a 50 ans, 100 ans ou plus une entreprise de vente gérait des produits, des clients et des commandes de clients ; les commandes de clients étaient passées par carte postale, téléphone ou autres. Maintenant, les commandes sont peut-être passées par Internet, ce qui est un grand changement, mais il faut toujours gérer des produits, des clients et des commandes.

Objectifs du livre

L'objectif de ce livre est de présenter un ensemble de techniques et de règles propices à élaborer des modèles conceptuels de données indépendants de toute technologie ou de mode ; les modes et les technologies de réalisation de structures de bases de données passent mais, à l'image des produits, des clients ou encore des commandes de clients, les concepts sous-jacents restent.

Pour l'essentiel, le contenu du livre est une compilation des différentes règles et techniques qui ont émergé au fil du temps et qui pour beaucoup sont de pratique courante. Pour le reste et guidé par ma vision de l'ingénierie des logiciels de gestion, je propose des compléments susceptibles de donner suffisamment de richesse aux modèles conceptuels de données pour permettre d'automatiser le codage de l'intégrité des données.

A qui s'adresse le livre ?

Je m'adresse à tout lecteur qui est intéressé par la problématique des systèmes d'information de l'entreprise et particulièrement la modélisation conceptuelle des données de l'entreprise.

- Le débutant sera guidé dans son apprentissage en découvrant les concepts de base qui lui permettront d'asseoir ses connaissances.
- Le modélisateur averti trouvera un recueil relativement exhaustif de règles et de techniques de modélisation conceptuelle de données.
- L'expert pourra confronter sa pratique de tous les jours avec les diverses propositions tendant à produire des modèles conceptuels de données riches.

---

[1] La maitrise d'ouvrage est le donneur d'ordre ou le propriétaire de l'ouvrage (logiciel de gestion). L'ouvrage est réalisé par la maitrise d'œuvre.
[2] Je parle d'entreprise dans ce livre mais il faut comprendre tout organisme social au sens large (entreprise, administration, institution...).

Structure du livre

Le livre est organisé en 3 parties :

- **Introduction**
  L'introduction fixe le vocabulaire que j'utilise tout au long de ce livre et présente les traits généraux de la démarche de modélisation.

- **Les bases**
  Cette deuxième partie est le cœur du livre. Elle présente de manière détaillée un vaste ensemble de règles de modélisation conceptuelle de données.

- **Compléments**
  La partie complémentaire résulte de deux impératifs que je me suis fixé :
  1. Les éléments qui ne sont indispensables à acquérir les bases de modélisation et qui surtout risquent de nuire à la fluidité de lecture et d'apprentissage sont regroupés dans cette partie.
  2. Les éléments théoriques présentés dans la 2ème partie et qui ne sont que peu ou pas illustrés par le cas pratique sont repris dans cette partie et illustrés avec des exemples ad hoc.

La description textuelle d'une situation réelle peut être relativement fastidieuse et de son côté, le modèle conceptuel de données qui la représente peut être relativement difficile à appréhender.

Pour faire le lien entre description textuelle et modèle conceptuel de données, je recours souvent au concept de maquettes qui permettent de faire le lien évoqué. J'utiliserai les maquettes, surtout au début, pour expliciter le mieux possible des situations réelles qui méritent d'être appréhendées avec justesse.

Choix architecturaux de réalisation des modèles

Les modèles conceptuels de données, MCD en abrégé, sont réalisés à partir du méta modèle de classes du langage de modélisation unifié, UML en abrégé. Les spécificités du MCD sont décrites par un profil. Elles sont réalisées à l'aide des mécanismes d'extension d'UML:

- Stéréotypes
- Valeurs marquées

Pour certains éléments, nous expliciterons d'autres notations, plus ou moins couramment utilisées, comme celle issue de la méthode Merise.

Les modèles sont réalisés avec l'atelier de génie logiciel Visual Paradigm, VP en abrégé.

A propos des exemples

Les fragments de modèles présentés ne montrent, souvent, que les éléments (attributs, associations, contraintes...) nécessaires à la seule illustration désirée.

J'ai créé un cas pratique de gestion commerciale pour illustrer l'essentiel des bases de modélisation présentées en deuxième partie du livre.

Les règles de gestion du cas pratique sont simplifiées au maximum pour pouvoir illustrer les concepts sur la base d'exemples accessibles à tout un chacun. Par exemple, et de manière relativement générale, j'ai renoncé à historiser les changements de valeurs de données hormis le fragment de modèle utilisé pour illustrer le concept d'historisation.

Le cas pratique est présenté au chapitre 20.

Conventions typographiques

«Entity»	Terme propre au modèle conceptuel de données (ou au profil UML)
`Article`	Elément d'illustration
`W3C`	Nom de produit, constructeur, norme ou autre
système	Mise en évidence
	Mise en évidence des explications relatives aux exemples
	Elément important
	Elément destiné à un expert
	Renvoi à un cas pratique complémentaire
	Remarque
	Mise en évidence d'un élément de maquette

Compléments sur internet

Un site compagnon est dédié à mes livres :
https://sites.google.com/site/pasunier/home

Les informations relatives à ce livre se trouvent à l'adresse suivante :
https://sites.google.com/site/pasunier/home/SIIE/MCD

Bibliographie

Le livre se voulant un recueil didactique, j'ai volontairement renoncé à mettre des références bibliographiques pour les différentes règles et techniques de modélisation des données. J'envisage d'écrire un livre qui présentera les choix architecturaux de modélisation que j'ai retenus. Ils y seront justifiés et référencés.

Toutefois, j'ai mis en annexe une partie de la bibliographie que j'ai régulièrement utilisée pour choisir ou définir les règles de modélisation et les techniques sous-jacentes.

Remerciements

Au CPLN, Centre de formation professionnelle du Littoral neuchâtelois, à Neuchâtel. Le CPLN m'a permis de mettre en place mes premiers cours de modélisation de données et surtout de les confronter à la réalité du terrain au travers de nombreux mandats internes et externes.

A la Haute école Arc de Neuchâtel, HE-Arc. La Haute école Arc m'a donné les moyens d'approfondir la problématique et les solutions d'automatisation de règles de gestion en code applicatif de gestion de l'intégrité des données.

A la Haute école spécialisée de Suisse occidentale, HES-SO. La HES-SO a financé plusieurs de mes travaux de recherche. Aux nombreux organismes publics ou privés qui, au travers de mandats, m'ont donné l'opportunité de mettre en place un bouclage qualitatif entre problèmes réels, travaux de recherche et solutions implantées.

A toutes les étudiantes et tous les étudiants qui par leur participation active à mes cours m'ont amené à devoir et pouvoir justifier tous les choix architecturaux de modélisation que je présente dans ce livre.

A mes collègues de ces 30 dernières années avec qui j'ai eu l'occasion d'échanger sur la thématique du développement de logiciels de gestion et plus particulièrement la modélisation des données.

A Fabrice Camus, Philippe Daucourt et Bertrand Loison qui ont relu ce livre et m'ont permis par leurs conseils, remarques ou questions d'en améliorer le contenu.

A Caroline Ruffieux, Luc Rochat et Pierre Jobin pour leurs conseils en édition.

A Natacha Devaux pour sa relecture et ses conseils de rédaction.

A Stéphan Devaux pour le contrôle final des différents modèles.

A Christelle Duchêne Plancherel pour certaines illustrations de la première partie.

Pierre-André Sunier
pa.sunier@gmail.com

Table des matières

Introduction

1   Définitions

La modélisation des données des systèmes d'information (SI) des entreprises ou organisations nécessite de définir ce qu'est une entreprise, un système d'information, une donnée et un modèle. L'introduction va fixer notre vision de ces différents éléments.

1.1   *Entreprise ou organisme*

Une **entreprise** est un système social qui a comme finalité de produire des biens ou des services à but commercial.

Comme tout système social, chaque **entreprise** doit s'organiser pour réaliser sa finalité et atteindre son but. Il s'agit, essentiellement, de coordonner les activités humaines, matérielles ou autres nécessaires à produire les biens ou services dans des conditions économiques viables.

Figure 1 - Entreprise

1.2   *Le SI*

Le concept de **système d'information (SI)** de l'entreprise trouve son origine dans l'approche systémique de l'étude des systèmes sociaux et autres.

L'approche systémique nous propose de considérer l'entreprise, en tant que système social, formé de trois sous-systèmes essentiels :

- Le sous-système de pilotage (SP) qui coordonne l'ensemble de l'activité en fonction de la mission.

- Le sous-système d'information (SI) qui capte, mémorise, traite et restitue les informations utiles aux sous-systèmes opérant et de pilotage ainsi qu'à l'environnement.

- Le sous-système opérant (SO) qui active les processus métier pour créer la valeur ajoutée. Le sous-système opérant est la raison d'être de l'entreprise ; il est courant de parler de **métier** pour ce qui a trait au sous-système opérant.

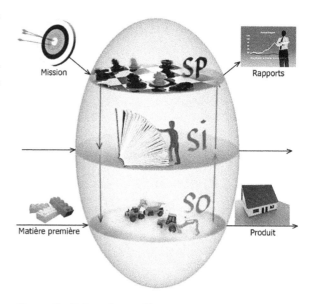

Figure 2 - Entreprise système

1.3   Le SII

Le **SII** ou **système d'information informatisé** est la partie du SI de l'entreprise qui est automatisée grâce aux technologies de l'information (IT).

Le SII doit permettre des gains de productivité et/ou d'efficience en optimisant l'organisation de l'entreprise grâce à la circulation des informations[3].

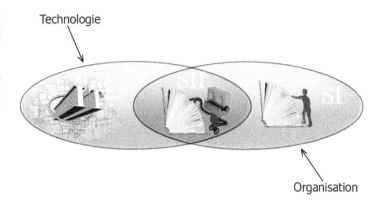

Figure 3 – Positionnement du système d'information informatisé

Le SII doit permettre de capter, de mémoriser, de traiter et de restituer les informations ou données utiles à l'entreprise de manière transparente[4] pour les utilisateurs. La partie informatisée du système d'information de l'entreprise, son organisation et son rôle peuvent être représentés par le diagramme symbolique ci-dessous.

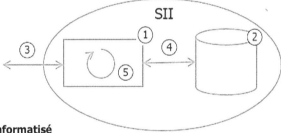

Figure 4 - Organisation du système d'information informatisé

① Partie dynamique du SII

② Partie statique du SII

③ Acquisition de données / Restitution d'informations

④ Ecriture et persistance des données / Lecture des données

⑤ Traitement des données

---

[3] Ce peut être une standardisation des procédures de travail au niveau du SO ou une amélioration qualitative de la prise de décision au niveau du SP.
[4] S'agissant des aspects techniques.

1.4   Données et informations

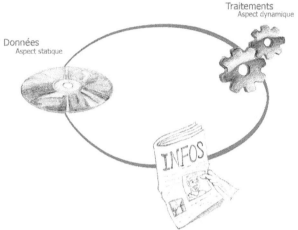

Une information est le résultat d'un traitement appliqué à des données.
Une information est une production sociale qui présente une ou des données selon un point de vue.

La ou les données représentent l'aspect statique, les traitements représentent l'aspect dynamique du processus de production d'information.

Figure 5 - Données et informations

1.5 Données et valeurs de données

Dans l'optique des systèmes d'information de l'entreprise, lorsque nous parlons de données, il s'agit de conteneurs. Chaque donnée ou plus précisément chaque conteneur peut contenir de multiples occurrences de même nature.

Par exemple, pour une école nous avons des salles et chaque salle a un nom, se situe sur un étage d'un bâtiment et peut contenir un certain nombre de places.

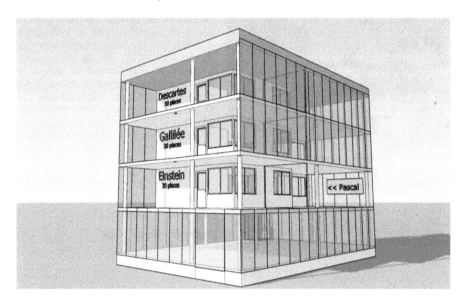

Figure 6 - Ensemble des salles d'une école

La salle *Einstein* de 30 places située au 1er étage est une occurrence de l'ensemble des salles.

Lorsque la littérature parle de la dimension statique du système d'information (SI) à propos des données, l'aspect statique a trait aux conteneurs, les données, et non aux occurrences qui peuvent être ajoutées, modifiées ou supprimées.

La donnée **Salle** d'une école est statique. Nous aurons toujours besoin de salles identifiées par un nom, dotées de places et situées sur un étage spécifique ; par contre, au fil du temps, des salles peuvent être ajoutées, modifiées ou supprimées.

Dans le langage courant, nous ne faisons pas de différence entre :

- donnée (une salle) et valeur de donnée (la salle Descartes) ;
- nature de données (les salles) et donnée (la salle Descartes).

En général, nous parlons de données et selon le contexte nous en déduisons la portée. Il en est de même dans une multitude d'autres situations : en regardant un catalogue de voiture, nous parlons de voiture mais, en fait, c'est une image et non le véhicule physique ou réel avec lequel nous pouvons nous déplacer.

Figure 7 - Voiture ou image d'une voiture?

1.6   *La nécessité de structure*

Pour toute entreprise, ses données sont un patrimoine essentiel : une entreprise commerciale ne saurait perdre les données de ses clients ou encore de ses débiteurs; une école ne saurait perdre les coordonnées de ses élèves ou les résultats de ceux-ci acquis lors de session d'examens.

Dans notre vie de tous les jours, pour ne pas perdre quelque chose ou le retrouver aisément, nous nous organisons en conséquence. C'est ce que nous faisons lorsque nous organisons le rangement de notre logement. Chaque pièce est dotée d'un ou plusieurs emplacements de rangement appropriés : le réfrigérateur pour les produits laitiers, le congélateur pour les surgelés, le bahut du balcon pour les fruits, l'armoire de la chambre pour les pulls, la penderie pour les pantalons, etc.

Figure 8 - Rangement

Dans le même ordre d'idée et avant l'informatisation, les entreprises ont organisé leurs données; celles-ci sont regroupées au sein d'armoires, de classeurs ou encore de dossiers.
Pour que tout collaborateur puisse trouver les données recherchées, les divers conteneurs sont dédiés à une nature de données, par exemple les dossiers de notes des élèves, et les conteneurs sont étiquetés pour en faciliter l'accès.

Figure 9 - Dossiers

Les armoires, classeurs, dossiers ou autres éléments de rangement des données de l'entreprise représentent l'aspect statique du traitement de l'information. Le collaborateur qui recherche, classe, modifie, ajoute ou encore supprime du contenu représente l'aspect dynamique du traitement de l'information.

Les armoires ou tiroirs de notre logement d'un côté ou les armoires, classeurs ou dossiers d'une entreprise d'un autre côté sont des éléments physiques qu'il est aisé d'identifier et de visualiser; il n'en est malheureusement pas de même pour les données d'un système d'information informatisé (SII) car les conteneurs sont immatériels.

Pour résoudre ce problème d'immatérialité des systèmes d'information informatisés, il est recommandé de faire des modèles de données qui représentent la structure des données.

Pour définir une structure des données, nous devons préalablement recenser les données[5] qui devront être stockées ou enregistrées et les grouper par données de même nature. De même, pour l'aménagement de notre logement, nous devrons prévoir une armoire pour les chaussures, une pharmacie pour les médicaments, une commode pour les sous-vêtements et les chaussettes, etc.[6]

En fait, nous allons appliquer l'adage « ***Une place pour chaque chose et chaque chose à sa place*** ». Pour l'aménagement de notre logement, une place sera le troisième tiroir de la commode dans lequel nous rangerons nos chaussettes et une chose sera la paire de chaussettes bleues avec un dessin de soleil sur le côté. Naturellement, dans ce tiroir (place) nous mettrons encore d'autres chaussettes (choses de même nature).

Pour l'aménagement d'une structure de données nous procéderons de la même manière, nous recenserons **les différentes données** qui devront être stockées et les organiserons en données de même nature.

1.7   *Non redondance et qualité des données*

La redondance est le fait de multiplier une ressource pour éviter une défaillance en cas de panne.
Au niveau des composants matériels et logiciels de tout ou partie d'un système d'information informatisé, de nombreuses ressources (on parle plutôt de composants) sont redondantes pour éviter une défaillance et/ou pour répartir une charge de travail.

Au niveau des données, ou plus précisément au niveau de la structure de données d'un système d'information d'entreprise, la redondance est une source de confusion. Si une donnée est redondante, tout se passe correctement tant que les différentes valeurs sont identiques; par contre, si les valeurs divergent[7], l'utilisation de deux valeurs différentes va produire[8] des résultats contradictoires.

 Un vendeur de voiture établit une fiche par voiture avec le numéro de téléphone de l'acheteur. Si le client achète deux voitures, son numéro de téléphone sera à double et s'il change de numéro, il faudra le changer dans les deux fiches au risque d'avoir un numéro juste et un faux.

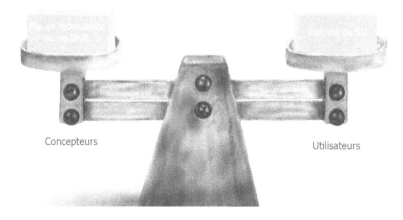

Concepteurs   Utilisateurs

Lorsque nous parlons de qualité des données, nous nous plaçons dans la perspective des utilisateurs mais aussi dans celle des concepteurs[9] de systèmes d'information. Les utilisateurs doivent pouvoir produire et utiliser de l'information fiable. Pour que l'information produite par les systèmes d'information soit fiable il est impératif que les concepteurs puissent s'appuyer sur des données exemptes de redondances qui sont sources de contradictions.

Figure 10 - Qualité des données

---

[5] Pour être plus précis, il s'agit de recenser des instances de données et parmi ces instances, nous pouvons en identifier comme étant de même nature.
[6] Chacun peut décider en fonction de ses contraintes, souhaits ou autres goûts quels tiroirs accueilleront quels habits. Il en est de même pour la modélisation des données, il y a autant de structures différentes qu'il y a de clients et de besoins différents.
[7] Pour certains auteurs ou dans certains domaines de traitement de l'information, le terme de bruit est utilisé pour évoquer des valeurs divergentes de données qui devraient être identiques.
[8] Comme nous l'avons vu [1.4], les données sont la matière première de production de l'information et si la matière première n'est pas de qualité, l'information déduite ne sera pas fiable.
[9] Concepteurs au sens large, c'est-à-dire tous les acteurs de la maîtrise d'œuvre.

1.8   *Gestion et informatique*

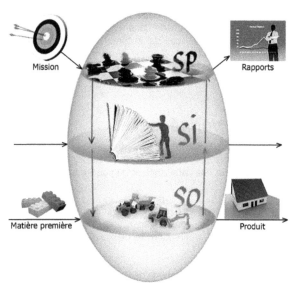

Mission

SP

Rapports

SI

Matière première

SO

Produit

Gestion d'une part et informatique d'autre part peuvent être associés à la représentation systémique de l'entreprise.

La gestion recouvre essentiellement les activités qui ont trait au sous-système de pilotage (SP).

L'informatique est une technologie permettant d'automatiser des parties du système d'information (SI) comme a pu l'être la mécanographie par le passé et comme il y en aura probablement d'autres dans le futur.

Figure 11 - Entreprise système

1.8.1 Informatique de gestion

Nous proposons, ci-après, une définition de l'informatique de gestion extraite d'un article que nous avons publié en 2003.

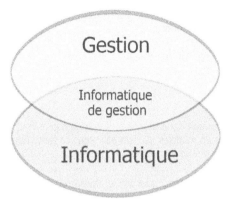

L'informatique de gestion recouvre les connaissances et compétences qui se trouvent à l'intersection des disciplines de l'informatique et de la gestion.
*Mais quelle est la signification ou la portée des termes que sont l'**informatique** d'une part et la **gestion** d'autre part.*
Le terme « informatique » est un néologisme construit à partir des mots « information » et « automatique » par P. Dreyfus en 1962. Il s'agit donc d'une discipline qui concerne le traitement automatique de l'information. La définition acceptée par l'Académie Française est la suivante : "science du traitement rationnel, notamment par machines automatiques, de l'information considérée comme le support des connaissances humaines et des communications dans les domaines techniques, économiques et sociaux".
Le terme de « gestion » signifie : Action d'administrer, d'assurer la rentabilité (d'une entreprise) ; ou : Action de gérer (les affaires d'un autre, et par extension ses propres affaires) et « gérer » est défini comme : Administrer (les intérêts, les affaires d'un autre).

A partir des éléments ci-dessus, nous proposons la définition suivante de l'informatique de gestion :

> **L'informatique de gestion est la discipline du traitement de l'information utile et nécessaire à automatiser tout ou partie de l'administration des intérêts ou des affaires des entreprises[10].**

La définition ci-dessus implique que l'informatique est au service de la gestion et non l'inverse ; pour reprendre une phrase de J.-P. Gindroz, ancien directeur général du CPLN[11] : «L'informatique doit couler dans le sillon de la gestion et non l'inverse».

1.8.2 Règle de gestion

Une règle de gestion est une contrainte qui s'applique à une action, à une activité ou encore à un processus de l'entreprise.
Une règle de gestion peut provenir de l'environnement ou être énoncée par l'entreprise.
Une règle de gestion peut s'appliquer aux sous-systèmes opérant, de pilotage ou d'information.
Si une règle de gestion s'applique à un élément du système d'information informatisé (SII), elle doit être transformée en une contrainte[12] concrète, sous sa forme informatisée, au sein dudit SII.
Une règle de gestion est aussi nommée règle métier; la règle métier a une connotation plus orientée sous-système opérant[13] mais, de prime abord, nous pouvons considérer les deux termes comme identiques.

---

[10] La notion d'entreprise peut être étendue aux individus et aux organismes au sens large.
[11] Centre de formation professionnelle du Littoral neuchâtelois à Neuchâtel.
[12] Contrainte au sens très large qui peut être simplement le type et la taille d'un attribut.
[13] Une règle impactant le sous-système opérant directement ou par l'intermédiaire de l'un ou l'autre des deux sous-systèmes de pilotage ou d'information.

2 La démarche

2.1.1 Méthode

La modélisation des données doit s'inscrire dans une démarche méthodologique permettant d'offrir aux utilisateurs[14] les services attendus en garantissant la fiabilité des traitements et la pérennité des données.

De nombreuses méthodes ont été proposées au fil du temps pour satisfaire aux critères de qualité que sont:

- la fiabilité des traitements;
- la pérennité des données.

S'agissant de la pérennité des données qui est concernée par ce livre et, comme nous l'avons évoqué précédemment, il est indispensable de recenser les données et de les représenter au travers de modèles de données. Pour ce faire, nous nous appuierons, de manière complémentaire, sur deux éléments méthodologiques reconnus :

- Les modèles de cas d'utilisation prônés par la méthode UP (Unified Process) pour affiner la réflexion de choix des cardinalités minimales des associations [Chapitre 7.3.2].
- Les maquettes d'interface utilisateurs ; les maquettes sont utilisées pour valider un modèle de données auprès des utilisateurs en mettant l'accent non pas sur les aspects techniques du modèle mais sur ce que le modèle représente en termes d'opportunités et de contraintes de traitement[15] des données.

2.1.2 Modélisation

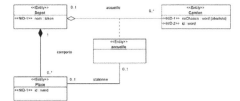

La modélisation va nous permettre de mettre en forme le recensement des données et de pallier à l'immatérialité des systèmes d'information informatisés en fournissant une représentation de la structure des données sous forme de modèles.

Figure 12 - Modèle

Les modèles sont des représentations d'une réalité exprimée selon un point de vue.

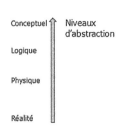

Les modèles de données représentent plus ou moins abstraitement la réalité.

Au niveau le plus abstrait, nous avons un modèle que nous nommons **conceptuel** (MCD). Comme son nom l'indique, il s'attache aux concepts. En reprenant notre exemple de rangement de logement, nous décidons qu'il faut un espace de rangement pour les chaussettes et un autre pour les pulls.

Ensuite, nous trouvons un modèle que nous nommons **logique** (MLD). Il définit une architecture ou une technologie d'enregistrement des données. En reprenant notre exemple, ce serait un tiroir de commode pour les chaussettes et un espace d'armoire pour les pulls.

Actuellement, en informatique de gestion, l'architecture usuelle est celle des bases de données relationnelles (MLD-R) mais il en existe d'autres comme les bases de données orientées objet, les bases de données XML ou le recours à de simples fichiers.

Figure 13 - Axe d'abstraction

---

[14] Utilisateurs des fonctionnalités du système d'information informatisé.
[15] Traitement au sens large incluant l'acquisition, le stockage, la restitution en plus du traitement de calcul.

Chapitre 2

Et enfin, il y a un modèle que nous nommons **physique** (MPD). Il s'attache aux contingences de réalisation liées souvent à un constructeur particulier. En reprenant notre exemple, ce serait les détails de fabrication (dimensions, matériaux, couleurs...) de notre commode ou de notre armoire.

2.1.3 Maquettes

Figure 14 - Maquette d'un formulaire de saisie

Les modèles et surtout le MCD sont des représentations relativement abstraites de la réalité. Souvent le monde de la gestion ne peut valider le contenu d'un MCD qui nécessite de maîtriser la technique de représentation sous-jacente; il est alors courant, utile et souhaitable de recourir à des maquettes où la structure de données abstraite est transformée en simulation de formulaires mettant en scène des données plausibles. Ces maquettes sont alors des éléments relativement concrets sur la base desquels le monde de la gestion peut valider indirectement les modèles réalisés. Il est impératif que la correspondance entre maquettes et modèles soit assurée pour que la validation des maquettes implique la validation des modèles.

Les maquettes peuvent se présenter sous différentes formes : ce peut être des croquis, des dessins, le résultat d'outils de maquettage comme ci-contre ou des interfaces informatiques amputées de leur dimension dynamique.

2.1.4 UML

UML est un langage de modélisation.

C'est actuellement un des seuls langages de modélisation qui n'est pas propre à une technologie ou à un constructeur tout en étant largement utilisé.

Figure 15 -UML

UML permet de représenter:
- les besoins des utilisateurs ;
- les aspects dynamiques d'un système d'information ;
- l'aspect statique d'un système d'information.

UML est extensible grâce aux mécanismes suivants:
- les stéréotypes ;
- les valeurs marquées ;
- les contraintes.

Une utilisation particulière d'UML peut être guidée et contrôlée grâce au mécanisme de profil.

 Depuis UML 2, les stéréotypes et valeurs marquées ne sont disponibles qu'au travers d'un profil.

2.2   Modèle conceptuel de données (MCD)

2.2.1   Historique

Dans le monde francophone, le modèle conceptuel de données, MCD en abrégé, a été proposé par H. Tardieu et consorts au milieu des années 1970 en tant qu'élément de la méthode Merise issue du courant systémique.

Un modèle équivalent a été proposé à la même époque dans le monde anglo-saxon; il s'agit du modèle Entity-Relationship de Chen.

Le MCD tel que nous le présentons ici s'attache à la structure statique du système d'information et est implanté, en fin de démarche d'informatisation, par un système de gestion de base de données[16]. Dans l'approche de développement de l'aspect dynamique du SII basée sur la technologie orientée objet, il est préconisé[17] de réaliser un modèle des objets métier dit **modèle du domaine**. Le modèle du domaine est proche du MCD mais il n'est qu'une translation au sein de la partie dynamique (Point ① de la Figure 4) des données de la partie statique (Point ② de la Figure 4).

2.2.2   Bases

Un modèle conceptuel de données est conçu à partir des éléments suivants :

-    ① Les entités qui représentent des conteneurs de données.
-    ② Les associations qui représentent des conteneurs de liens entre données.
-    ③ Les cardinalités qui fixent les modalités de réalisation des liens entre données.
-    ④ Les attributs d'entités ou d'associations[18] qui représentent des conteneurs de données élémentaires.

Figure 16 - Bases du MCD

 Les entités sont des conteneurs de données agrégées; les attributs en sont les différentes parties ou éléments. Lorsque l'on analyse des données et que l'on recherche la nature d'une donnée, il y a toujours besoin de référer au contexte pour savoir s'il s'agit d'une entité ou d'un attribut.

Dans ce livre, les entités sont représentées sous forme de classes du modèle de classe d'UML ; nous mettons le stéréotype **«Entity»** sur la classe UML pour lui donner son caractère d'entité du modèle conceptuel de données.

---

[16] Ou, exceptionnellement, en recourant à de simples fichiers.
[17] Entre autres par la méthode UP de Booch, Rumbaugh et Jacobson.
[18] Au travers d'entités associatives.

Les bases

3   Entité

3.1   *Concept*

Une entité est un ensemble d'éléments ou d'objets de même nature, à savoir les différentes catégories d'articles pour notre exemple ci-contre.
Une entité porte un nom qui différentie les entités entre elles. Pour le cas pratique d'illustration du livre [Chapitre 20], nous aurons l'ensemble des catégories d'articles mais aussi l'ensemble des articles, des clients, des fournisseurs...

En modélisation des données et pour ce livre :

- Un ensemble d'éléments de même nature est nommé "Entité".
- Un élément ou objet d'un ensemble est nommé "Occurrence d'entité".

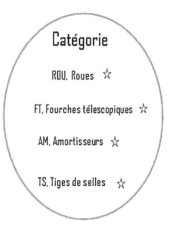

Figure 17 - Ensemble des catégories d'articles

3.2   *Occurrence d'entité*

Selon la définition de Cantor[19], un ensemble résulte de la réunion, dans une même entité, de certains objets bien déterminés. On appelle ces objets les éléments de l'ensemble.

Tout objet étant par essence unique, les différents éléments d'un ensemble sont donc uniques.
Le nombre 1 n'apparaît qu'une fois dans l'ensemble des entiers positifs.

En reprenant la définition des notions d'ensembles et d'éléments d'ensemble, ci-dessus, il ressort que chaque occurrence d'entité est unique. Cette unicité des différentes occurrences au sein d'une entité va nous amener à nous poser la question de l'identification de chaque occurrence d'entité.

3.3   *Représentation*

Une entité est représentée très couramment par un rectangle séparé en 2 parties :
- La partie du haut contient le nom de l'entité. Le stéréotype[20] **«Entity»** indique que le classe UML est considéré comme une entité.
- La partie du bas contient les attributs de l'entité.

<<Entity>>
ArtCategorie
<<NID-1>> code : word <<NID-2>> libelle : token descriptif : string

Figure 18 - Entité ArtCategorie représentant l'ensemble des catégories d'articles

---

[19] Le mathématicien Georg Cantor (1845-1918) est le fondateur de la théorie des ensembles.
[20] Il s'agit d'une classe en UML.

3.4   Concrétisation au niveau du SII

Nous avons vu précédemment qu'une entité est un ensemble d'éléments. Au niveau du système d'information informatisé (SII) l'ensemble d'éléments constitutifs d'une entité[21] peut être visualisée au travers d'un formulaire dit de liste.

Les occurrences d'entités (éléments de l'ensemble) sont les lignes de la liste.

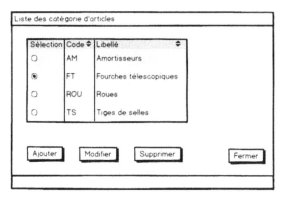

Figure 19 - Formulaire de liste des catégories d'articles

L'ajout, la modification ou la suppression d'occurrences d'entité peuvent se faire directement dans un formulaire de liste. Toutefois, dans le cadre ce livre, nous privilégions de montrer des formulaires spécifiques qui rendent mieux compte de la notion d'entité (ensemble d'éléments) et d'occurrence d'entité (élément particulier de l'ensemble).

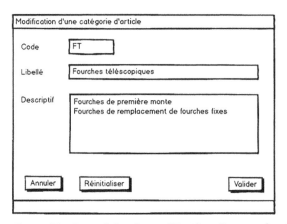

Figure 20 - Formulaire de modification d'une catégorie d'articles

---

[21] Si l'ensemble contient un nombre conséquent d'éléments, un mécanisme de filtre va permettre de limiter le contenu de la liste.

4   Attribut

Un attribut représente une propriété de l'entité.

- Un attribut porte un nom qui le différencie des autres propriétés de l'entité.
- Un attribut est une donnée élémentaire caractérisée par un type ou un domaine de validité. Selon le type de données, chaîne de caractères ou numérique, une taille maximale peut être définie; pour les valeurs avec fraction, la taille maximale de la partie décimale peut aussi être définie.
- Un attribut peut être obligatoire, stéréotype **«M»** pour **Mandatory**, ou optionnel (sans le stéréotype **«M»**).

 code, libelle, prix et descriptif sont les 4 attributs de l'entité Article.

<<Entity>>
Article
<<NID-1>> code : word
<<M>> libelle : token
<<M>> prix : nonNegativeMoney
descriptif : string

Figure 21 - Attributs de l'entité Article

4.1   Type de données

Les données élémentaires que sont les attributs sont caractérisées par un **type de données**.
L'affectation du type de données se fait par le caractère deux points "**:**".
Un type de donnée définit, plus ou moins universellement, une nature de donnée et implicitement les traitements applicables ; une donnée de type numérique permettra des opérations algébriques ce que ne permettrait pas un type textuel.
Pour ce livre, nous nous appuyons sur les types de données définis par le W3C et auxquels nous avons apporté quelques compléments.
Les types de données sont représentés sous forme d'une arborescence UML.
A la racine de l'arborescence, nous trouvons un type abstrait nommé **type** ; seuls les types concrets qui en descendent peuvent être utilisés pour définir le type de données d'un attribut.

 Dans les diagrammes d'arborescence UML qui suivent, nous utilisons le stéréotype **«type»** pour montrer le caractère de type d'attribut de la classe UML.

4.1.1   Type de valeur logique

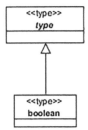

Type	Valeurs autorisées
boolean	{True, False}

Figure 22 - Type logique

Une valeur logique ou booléenne est utilisée pour un attribut qui ne contient que des valeurs vraies ou fausses.

4.1.2　Type de valeur textuelle

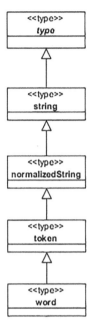

Type	Valeurs autorisées
string	Chaînes de caractères pouvant contenir également les caractères de contrôles CR, LF et TAB.
normalizedString	Chaînes de caractères sans caractères de contrôle.
token	Chaînes de caractères sans caractères de contrôle ni espace superflu, un seul espace sépare deux mots.
word	Chaînes de caractères sans caractères de contrôle ni espace.

Figure 23 - Type textuel

Le type **string** est défini comme type **memo** ou **tex**t par certains auteurs ou éditeurs. Il est utilisé lorsqu'un attribut doit être formaté avec des retours à la ligne par exemple.

Le type **normalizedString** interdit tout caractère de contrôle comme l'indique le terme anglais **normalized**. Il est avantageusement remplacé par le type **token** ou **word** car des espaces contigus peuvent être sources de confusion lors de recherches ou lors de la lecture.

Le type **token** est à privilégier pour les données qui comportent plusieurs mots ; si la séparation entre deux mots doit se faire par un espace, le type **token** assure qu'il n'y a pas d'espaces contigus.

Le type **word** est à privilégier pour tous les codes ou autres abréviations qui sont formés d'un seul mot[22].

---

[22] Un mot dans le sens d'une suite de caractères imprimables sans espace.

L'attribut code est de type **word**. Le code d'une catégorie est sans espace.

L'attribut libelle est de type **token**. Le libellé d'une catégorie est formé d'un ou plusieurs mots séparés par des espaces ; mais, entre chaque mot, il n'y a qu'un seul espace.

L'attribut descriptif est de type **string**. Le descriptif d'une catégorie doit pouvoir être formaté avec des caractères de contrôle comme le retour à la ligne.

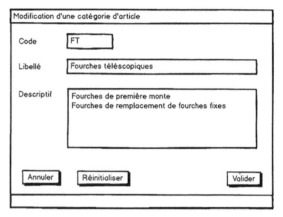

Figure 24 - Attributs d'une catégorie d'articles

Un attribut de type **string** permet de saisir des données peu structurées, grâce aux caractères de contrôles autorisés.
Un avantage important du type **string** est qu'il est possible d'enregistrer des données qui n'étaient peut-être pas évoquées lors de la conception.

 Dans l'attribut Adresse, il est possible de rajouter le département si cela devait s'avérer utile.

Un inconvénient important du type **string** est qu'il n'est pas propice à des recherches fiables, car les caractères de contrôle qu'il autorise induisent une sémantique que le seul type ne peut supporter.

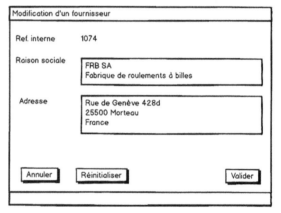

Figure 25- Attributs de type string

4.1.3 Type de valeur numérique

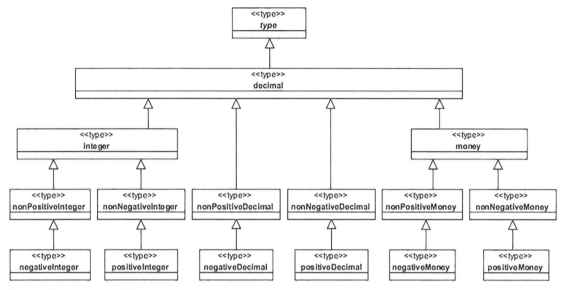

Figure 26 - Type numérique

Type	Valeurs autorisées
decimal	Ensemble $\mathbb{D}$ (nombre décimal)
integer	Ensemble $\mathbb{Z}$ (entier relatif)
nonPositiveInteger	Ensemble $\mathbb{Z}_-$
negativeInteger	Ensemble $\mathbb{Z}_-^*$
nonNegativeInteger	Ensemble $\mathbb{Z}_+$
positiveInteger	Ensemble $\mathbb{Z}_+^*$
nonPositiveDecimal	Ensemble $\mathbb{D}_-$
negativeDecimal	Ensemble $\mathbb{D}_-^*$
nonNegativeDecimal	Ensemble $\mathbb{D}_+$
positiveDecimal	Ensemble $\mathbb{D}_+^*$
money	Ensemble $\mathbb{D}$ avec une mise en forme monétaire Exemple : 1'230'000.00 CHF
nonPositiveMoney	Ensemble $\mathbb{D}_-$ avec une mise en forme monétaire
negativeMoney	Ensemble $\mathbb{D}_-^*$ avec une mise en forme monétaire
nonNegativeMoney	Ensemble $\mathbb{D}_+$ avec une mise en forme monétaire
positiveMoney	Ensemble $\mathbb{D}_+^*$ avec une mise en forme monétaire

Symbole	Signification
$\underline{*}$	Strictement négatif
$\_$	Négatif ou égal à 0
$_+$	Positif ou égal à 0
$*_+$	Strictement positif

Un type numérique doit être utilisé pour des attributs sur lesquels des opérations arithmétiques peuvent s'appliquer; un attribut peut être représenté par des caractères numériques sans pour autant représenter une valeur numérique.

Un code postal ① est un bon exemple de représentation numérique sans signification arithmétique; en effet, un code postal est un élément qui permet de trier des envois postaux et une opération comme l'addition de deux codes postaux n'a aucun sens. En ce qui nous concerne, nous évitons d'utiliser le terme de **numéro** lorsqu'il s'agit d'un attribut composé de caractères numériques sans signification arithmétique et privilégions le terme de **code**.

Toutefois, nous devons nous plier aux us et coutumes et accepter le terme de **numéro** lorsqu'il est couramment utilisé ; c'est le cas par exemple des codes postaux qui sont usuellement décrits en tant que numéros.

Figure 27 - Attribut composé de chiffres

A propos du code postal utilisé en Suisse selon la définition donnée par Wikipedia[23]:
En Suisse, les numéros se composent de quatre chiffres. Comme dans le système allemand, une commune peut avoir plusieurs NPA. Qu'une localité possède son propre NPA ne veut pas dire qu'il s'agit d'une commune politiquement autonome. Le même NPA peut être aussi utilisé par différentes communes (exemples : 1227 comprend un quartier de Genève - Les Acacias - et la commune de Carouge ; 3048 Worblaufen, comprend des parties de Berne et d'Ittigen).

---

[23] http://fr.wikipedia.org/wiki/Num%C3%A9ro_postal_d'acheminement (consulté le 5.8.2016)

4.1.4 Type de valeur temporelle

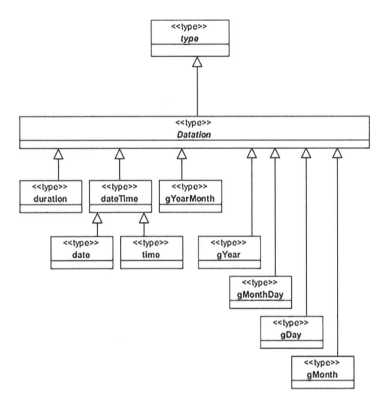

Figure 28 - Type temporel

Type	Valeurs autorisées
duration	Représente une durée exprimée en temps selon le format ISO-8601. Exemple : `P1Y2M3DT10H30M12S` signifie 1 an, 2 mois, 3 jours, 10 heures, 30 minutes et 12 secondes Les valeurs négatives sont autorisées
dateTime	Représente une date sur l'échelle du temps, comprenant jour, mois, année, heure, minute et seconde Exemple : 28.10.2012 5:42:00
date	Représente une date à l'échelle du jour, donc sans la partie heure-minute-seconde. Exemple : 28.10.2012
time	Représente un instant de temps qui a lieu chaque jour, exprimé avec heure, minute et seconde. Exemple : le train de 12:34
gYearMonth	Représente un mois et une année spécifique dans le calendrier grégorien. Exemple : octobre 2012
gYear	Représente une année du calendrier grégorien. Exemple : 2012
gMonthDay	Représente une date récurrente, exprimée par le jour et le mois. Exemple : La fête nationale suisse a lieu le 1er août (sous-entendu de chaque année)
gDay	Représente un jour récurrent dans le calendrier, exprimé par le jour. Exemple : le salaire est versé le 24 (sous-entendu de chaque mois)
gMonth	Représente un mois récurrent dans le calendrier. Exemple : Dans notre région, les vendanges débutent en septembre (sous-entendu de chaque année)

4.1.5   Tailles maximales

Nous avons vu que tout attribut est une donnée élémentaire caractérisée par un type de données ou un domaine.

Lorsqu'un attribut est caractérisé par un type de données, le seul type de données n'est pas toujours suffisant.
-    Si le type de données est de **type textuel**, il y a lieu d'indiquer la taille maximale de la chaîne de caractères en nombre de caractères.
-    Si le type de données est de **type numérique**, il y a lieu d'indiquer la taille maximale de la partie entière en nombre de signes[24] et si nécessaire, la taille maximale de la partie décimale en nombre de chiffres.

 Malheureusement, le langage UML n'offre pas de mécanisme de définition des tailles de types de données ; pour ce faire nous avons recours à des valeurs marquées [Chapitre 2.1.4].
Les valeurs marquées ne peuvent pas être présentées en regard de chaque attribut du modèle de classe UML ; de ce fait les représentations graphiques de nos entités ne montrent pas les tailles de leurs attributs.

Figure 29 - Absence de taille des attributs

A titre illustratif, nous reproduisons ci-dessous l'interface utilisateur de Visual Paradigm qui nous permet de définir la taille de l'attribut code de l'entité ArtCategorie.

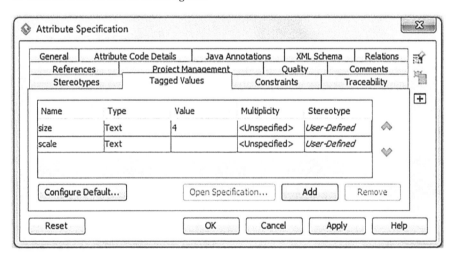

Figure 30 - Taille d'un attribut à l'aide d'une valeur marquée

---

[24] Nombre de chiffres de 0 à 9 et signe – si nécessaire.

Pour rédiger ce livre, nous nous sommes appuyés sur un plugin que nous avons ajouté à Visual Paradigm et qui nous permet de saisir les tailles sans devoir manipuler les valeurs marquées.

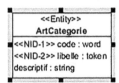

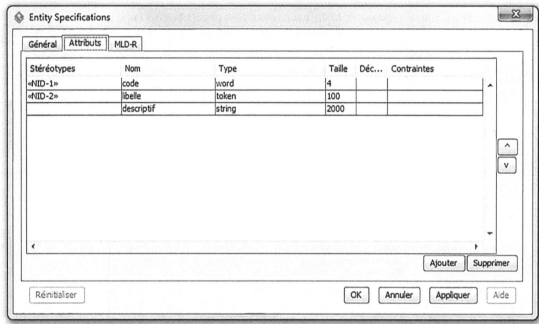

Figure 31 - Assistant de saisie de taille des attributs

Notre livre se voulant indépendant de tout produit de modélisation, nous renonçons à traiter la taille maximale des types de données.
Si nécessaire, le lecteur traitera la taille maximale des types de données en tenant compte de la spécificité des moyens à sa disposition pour élaborer les modèles et diagrammes conceptuels de données.

4.1.6   Données non structurées

La modélisation des données s'est longtemps attachée aux seules données dites structurées.
Pour faire simple, les données structurées sont celles qui sont définies par les types présentés ci-avant hormis **string** qui est un type de données non structuré.

En plus de **string**, nous pouvons citer les types non structurés potentiels suivants:
- **image** ; une image.
- **video** ; un enregistrement vidéo.
- **sound** ; un enregistrement sonore.

Nous affinerons ce chapitre dans une prochaine version du livre.

4.2   Domaines prédéfinis

Un domaine est une spécialisation d'un type de données[25].
Pour ce livre, nous avons prédéfini les 3 domaines suivants : ① **email** , ② **httpURL** et ③ **xml.**

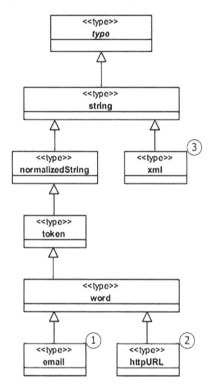

Figure 32 - Domaines prédéfinis

Le modélisateur peut créer ses propres domaines [Chapitre 21].

---

[25] Types de données et domaines sont des concepts qui peuvent être identiques ou pas selon les auteurs; dans le cadre de ce livre, nous réservons la notion de *type de domaine* pour la classification de base (reprise pour l'essentiel du W3C) et la notion de *domaine* pour une spécialisation de ces types de bases.

4.3   *Valeur par défaut*

Une valeur par défaut peut être assignée à un attribut; l'affectation se fait par le caractère égal "=". Naturellement, la valeur par défaut doit être conforme au type ou au domaine de l'attribut.

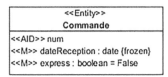

 Par défaut, une commande n'est pas livrée par courrier express. La valeur par défaut de l'attribut express est affectée à **False**.

Figure 33 - Valeur par défaut d'un attribut

Une valeur par défaut peut aussi être assignée en recourant à une expression. Nous nous appuierons sur le langage OCL pour spécifier des expressions logiques, numériques, temporelles ou textuelles [Chapitre 17].

4.4   *Donnée atomique*

Une donnée est considérée comme atomique si, dans le contexte du problème à traiter, sa décomposition n'a pas de sens ou d'intérêt sachant que la décomposition est source d'augmentation de complication.

4.4.1   Exemple de plusieurs mots dans un attribut textuel

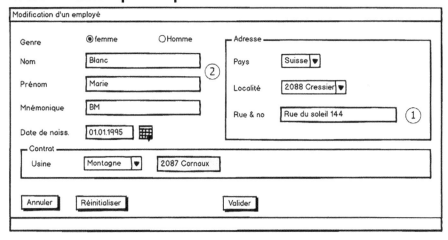

Figure 34 - Plusieurs mots dans un attribut

 Nous considérons la donnée Rue & no ① comme atomique. En effet, nous n'avons pas de besoins qui nécessitent de traiter spécifiquement la rue d'une part (un ensemble de mots) et le numéro de rue d'autre part (un autre mot).

Par contre, Nom et Prénom ② ne sauraient être regroupés en une seule donnée car nous devrons traiter spécifiquement le nom d'une part (un ou plusieurs mots) et le prénom d'autre part (un ou plusieurs mots). Il peut être nécessaire de rechercher un employé par son nom ou son prénom ou de trier par nom.

 De manière générale, nous plaçons les identifiants, naturels ou artificiels, en première position mais, dans le cas ci-dessus, nous l'avons placé après le nom et le prénom qui sont utilisés pour construire le mnémonique.

4.4.2   Exemple de plusieurs phrases dans un attribut textuel

Nous avons retenu pour notre exemple, un type **string** pour l'attribut Adresse des fournisseurs. Ce choix est intéressant car sans modifier quoi que ce soit à la structure de données, il serait possible d'ajouter de nouvelles informations comme le département pour les adresses françaises; pour notre cas, Doubs, entre la localité Morteau et le pays France.

Par contre, si nous devions fournir une liste des fournisseurs localisés à Genève, nous chercherions la chaîne de caractères "Genève" dans le champ Adresse. Nous trouverions FRB SA car la chaîne de caractères "Genève" se trouve dans l'adresse ; mais nous n'avons pas la possibilité de reconnaitre qu'il s'agit de la rue et non de la localité.

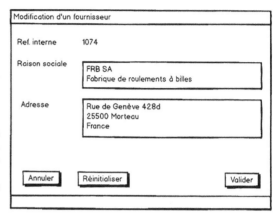

Figure 35 - Adresse d'un fournisseur basée sur un attribut de type string

Pour faire face à ce dilemme et comme évoqué plus haut, il nous faut séparer l'attribut Adresse en autant d'attributs que nécessaires à répondre à tous les besoins.

L'alternative ci-contre montre la décomposition de l'attribut Adresse de type **string** en 3 attributs Rue, NPA & Localité et Pays de type **token**.
Si nous recherchons les fournisseurs localisés à Genève le système ne retournerait plus FRB SA car il ne trouve pas la chaîne de caractères "Genève" dans l'attribut Localité.

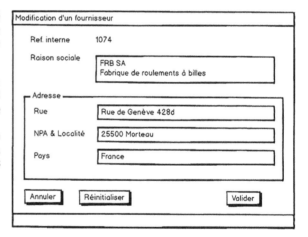

Figure 36 - Adresse d'un fournisseur basée sur plusieurs attributs de type token

4.4.3   Atomicité

Tout attribut doit être une donnée atomique dans la perspective du système d'information considéré.
L'atomicité n'est pas quelque chose d'absolu; l'atomicité des attributs est déterminée par l'usage qu'il en sera fait.

Les types logiques, numériques et temporels sont par définition atomiques.
-    Un attribut de type logique ne peut avoir qu'une valeur vraie ou fausse.
-    Un attribut de type numérique ne peut avoir qu'une valeur numérique valide.
-    Un attribut de type temporel ne peut avoir qu'une valeur temporelle valide.

Le type textuel permet de saisir au sein d'un attribut un mot, plusieurs mots ou plusieurs phases pour le type **string**.
Si un attribut comporte plusieurs mots ou phrases, une analyse des besoins doit être faite pour déterminer si cet attribut est atomique ou pas.
L'analyse des besoins consiste à évaluer si tous les futurs traitements de données s'appliquent à la totalité des mots ou phrases ; si tel est le cas l'attribut est considéré comme atomique. Si certains traitements de données ne s'appliquent qu'à une partie des mots ou d'une phrase, l'attribut n'est pas atomique et il doit être décomposé en autant d'attributs que nécessaire comme une molécule est décomposée en atomes.

4.4.4   Atomicité ou pas d'un attribut textuel de type string

Il peut être difficile de déterminer si un attribut de type **string** peut être considéré comme atomique ou pas.
Les avantages et inconvénients de considérer un attribut de type **string** peuvent aider à prendre la bonne décision.

-    Les avantages et inconvénients de l'atomicité d'un attribut de type **string** sont :

Avantage(s)	Inconvénient(s)
La nature des données contenues dans l'attribut peut évoluer en fonction des besoins.	Les résultats de recherche peuvent être erronés.

-    Les avantages et inconvénients de la décomposition d'un attribut de type **string** en attributs élémentaires sont :

Avantage(s)	Inconvénient(s)
La recherche sur un attribut particulier est relativement fiable.	Les différents attributs ne peuvent contenir que des données de nature correspondante à leurs définitions.

4.5   Attribut multivalué

Une entité peut être dotée d'attributs atomiques qui n'ont pas qu'une seule valeur atomique, mais une liste de valeurs atomiques.

Pour indiquer une liste de valeur atomique, nous marquons l'attribut avec le stéréotype **«L»** pour **List**; le nom de l'attribut multivalué est mis au pluriel.

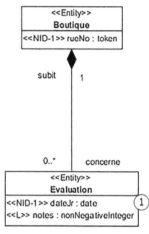

 Les boutiques sont évaluées par les clients ; les clients donnent une note comprise entre 1 (Médiocre) et 6 (Excellent). Ces notes sont enregistrées ① et permettent de réaliser un classement des boutiques jour après jour.

Figure 37 - Attribut multivalué

Nous expliquerons au chapitre 9.2 la signification de l'association entre les entités Boutique et Evaluation.

4.6   Attribut dérivé

Les attributs des entités sont les données qui serviront, après traitement, à fournir de l'information aux utilisateurs ; il est possible de spécifier des traitements de données par l'intermédiaire d'attributs dérivés ou calculés.
Les valeurs d'un attribut dérivé ne sont pas mémorisées, elles sont fournies à la volée. Il n'y a donc pas de redondance. Un attribut dérivé n'est pas une donnée au sens strict présenté au chapitre 1.4 mais une information relativement élémentaire.

En UML, un attribut est spécifié comme dérivé en le préfixant du caractère de division "/". L'expression de calcul est spécifiée en tant que valeur par défaut.

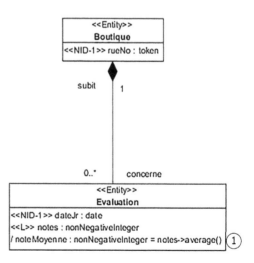

 La satisfaction des clients est mesurée en calculant ① la note moyenne journalière de chaque boutique.

Figure 38 - Attribut dérivé

5 Identification des occurrences d'entité

5.1 Problématique

Dans le monde des objets réels, chaque objet est unique et identifiable par une ou plusieurs de ses propriétés.
Au sein d'un système d'information, les entités sont des représentations des ensembles du modèle réel ; chaque occurrence d'entité doit être identifiable par un ou plusieurs de ses attributs.

Les propriétés des objets du monde réel ne sont pas toujours représentables sous forme d'attributs d'entité ; c'est le cas, en informatique de gestion, pour les propriétés biologiques des personnes tels que le timbre de la voix, le code ADN ou encore les caractéristiques morphologiques.
Les attributs des entités sont souvent des étiquettes tels que les noms ou prénoms des personnes et non des propriétés réelles ou physiques de l'objet considéré; de ce fait, en de nombreuses situations, il peut s'avérer difficile de trouver un ou plusieurs attributs susceptibles de discriminer les différentes entités.

Lorsque les valeurs d'un ou plusieurs attributs textuels discriminent les différentes occurrences d'une entité, nous n'avons pas de garantie de la retranscription du monde réel. Il peut s'avérer que plusieurs occurrences représentent un seul et même objet du monde réel mais avec des valeurs de propriété qui divergent suite à des erreurs, des imprécisions ou encore une méconnaissance du monde réel.

Pour une entité Rue, nous identifions chaque occurrence par son nom.
Admettons que nous ayons deux rues Faubourg du Lac et Chemin du Lac. Est-ce bien deux rues, éléments d'adressage, différentes ou est-ce une erreur de retranscription de la réalité au sein du système d'information ?

5.2 Identifiant

Un identifiant est formé d'un ou plusieurs attributs qui permettent de distinguer une et une seule occurrence d'entité parmi l'ensemble des occurrences.
Les attributs constitutifs d'un identifiant ne doivent pas être stéréotypés «M» car ils le sont implicitement par leur stéréotype identifiant «NID-x» [Chapitre 5.2.1] ou «AID» [Chapitre 5.2.2].

Un identifiant est obligatoirement discriminant. Il permet de distinguer sans ambigüité une et une seule occurrence d'entité parmi l'ensemble des occurrences.

5.2.1 Identifiant naturel

Un identifiant est qualifié de naturel lorsque les attributs qui le constituent proviennent des propriétés de l'ensemble que nous voulons représenter.

Le ou les attributs constitutifs d'un ou de plusieurs identifiants naturels sont stéréotypés «NID-x». x est une valeur allant de 1 à n; x vaudra 1 pour le 1er identifiant, 2 pour un éventuel 2ème et ainsi de suite jusqu'à n.

<<Entity>>
ArtCategorie
<<NID-1>> code : word
<<NID-2>> libelle : token
descriptif : string

Figure 39 - Identifiant naturel (Modèle)

Par défaut, les attributs constitutifs d'un identifiant naturel sont obligatoires. Toutefois, l'un ou l'autre attribut peut être optionnel, stéréotype «O» en plus de «NID-x», pour autant qu'il y en ait au moins un obligatoire.
Nous n'avons pas d'exemple de stéréotype «O», car, a priori, si le modèle est correctement réalisé, le besoin d'attribut identifiant optionnel ne se présente pas.

5.2.1.1 Interface utilisateur

Le ou les attributs ① et ② qui servent d'identifiants naturels sont éditables en ajout, modification et autres opérations car :
- En général, les utilisateurs en détiennent la valeur.
- Le sens qu'ils véhiculent peut changer et nécessiter une mise à jour.
- Une erreur de saisie doit pouvoir être corrigée.

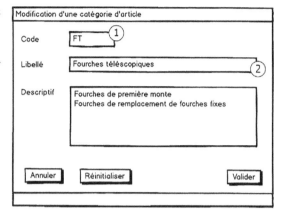

Figure 40 - Identifiant naturel (Interface utilisateur)

5.2.2 Identifiant artificiel

En certaines situations, il est impossible ou difficile de disposer d'un ou de quelques attributs susceptibles de discriminer sans ambiguïté chaque élément d'un ensemble.

En informatique de gestion, c'est souvent le cas s'agissant de personnes physiques ou morales ou encore d'éléments de gestion tels que des commandes, factures ou autres bulletins de livraisons.

> Dans cette situation, il y a lieu de créer un attribut artificiel qui aura une valeur unique pour chaque élément de l'ensemble.

L'attribut artificiel qui sert d'identifiant artificiel ① est :
- nommé num[26];
- marqué du stéréotype **«AID»** ;
- exempt de type.

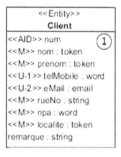

Figure 41 - Identifiant artificiel

Un attribut artificiel peut aussi être créé lorsqu'il faut prendre en compte trop d'attributs naturels pour identifier une occurrence d'entité.

 Un client peut être identifié avec son nom, son prénom ou les deux, mais il n'est pas possible de garantir l'unicité de cette identification. Il peut très bien y avoir deux clients portant les mêmes noms et prénoms. Il est possible de rajouter des éléments d'adresse mais, malgré cela, nous ne pouvons toujours pas garantir l'unicité de deux clients portant les mêmes noms et prénoms et logeant à la même adresse. Les deux client-e-s peuvent être le père et le fils ou la mère et la fille.
Comme nous ne pouvons pas garantir l'unicité des clients malgré le recours à de nombreux attributs naturels, nous avons créé l'attribut artificiel num. Chaque client aura une valeur de l'attribut num qui lui sera propre.

Nous n'avons pas utilisé l'adresse de messagerie, eMail, ou le numéro de téléphone mobile personnel, telMobile, car notre exemple est basé sur une gestion commerciale classique où tout client n'a pas nécessairement une adresse de messagerie ou un téléphone mobile personnel. Si nous nous étions limités aux clients d'un site de commerce électronique, nous aurions pu utiliser l'adresse de messagerie, eMail, comme identifiant naturel.

---

[26] num est une convention de nommage utilisée pour ce livre ; naturellement cette convention de nommage peut être adaptée selon le contexte.

5.2.2.1   Interface utilisateur

L'attribut artificiel doit être traité de manière différente selon qu'il s'agit de l'ajout d'une occurrence d'entité ou des autres opérations que sont la consultation, la modification ou la suppression.

5.2.2.1.1 Ajout d'une occurrence

Lors de l'ajout, aucun champ de saisie de l'identifiant artificiel ne doit être présenté à l'utilisateur car :
- à ce stade, l'utilisateur n'a pas de connaissance d'une valeur à saisir;
- c'est le SII qui doit se charger de créer une valeur.

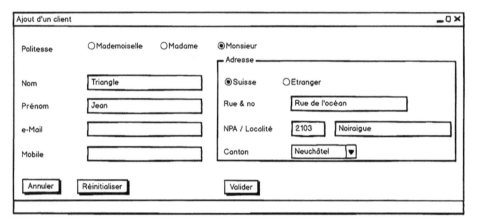

Figure 42 – Ajout d'un client

Après l'ajout, le système doit renvoyer à l'utilisateur la quittance de l'ajout avec indication de la valeur d'identifiant artificiel créée pour la nouvelle occurrence.

 Cet identifiant artificiel ① ou référence interne sera utile pour différencier avec exactitude toutes les occurrences de client et en rechercher un précis.

Figure 43 – Quittance d'ajout d'un client

5.2.2.1.2 Recherche d'occurrence

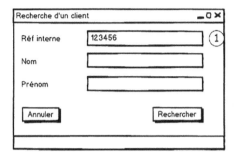

Après l'ajout, la valeur de l'identifiant artificiel étant connue des utilisateurs, il est donc possible de faire une recherche directement sur cet attribut ①.

C'est souvent ce mécanisme qui est derrière les mentions **Votre référence** ou **Notre Référence** des échanges de courriers commerciaux.

Figure 44 – Recherche d'un client

5.2.2.1.3 Modification d'une occurrence

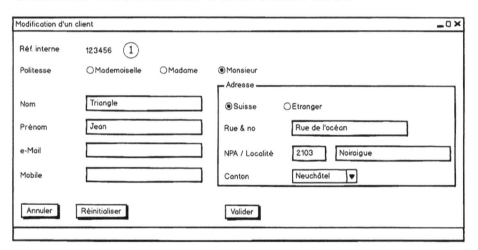

Figure 45 – Modification d'un client

Les utilisateurs ne pourront en aucun cas modifier l'identifiant artificiel ①. Par contre, son affichage est très souvent utile pour quittancer la sélection correcte de l'occurrence en cours de traitement; c'est particulièrement vrai pour notre exemple, si l'utilisateur modifie le nom et/ou le prénom.

5.3 Identifiant artificiel ou identifiant naturel

Deux positions doctrinaires s'affrontent lorsqu'il s'agit de définir le ou les identifiants d'une entité[27] :
- L'approche francophone, très conceptuelle, qui privilégie le concept d'identifiant naturel.
- L'approche anglo-saxonne, très pragmatique, qui impose un identifiant artificiel en plus du ou des éventuels identifiants naturels. Cette position se justifie par le fait que, implicitement, la transformation du modèle conceptuel se fera sous forme d'un modèle logique relationnel qui impose un identifiant artificiel[28].

De notre côté, nous ferons un mixte, à savoir :
- Lorsqu'une entité est dotée d'un identifiant naturel, nous ne créons pas d'identifiant artificiel.

```
        <<Entity>>
        ArtCategorie
<<NID-1>> code : word
<<NID-2>> libelle : token
descriptif : string
```

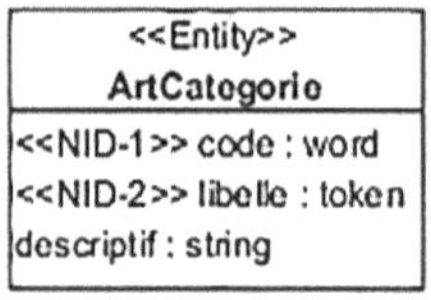

Figure 46 - Identifiant naturel

- Lorsqu'une entité ne possède pas d'attribut permettant de créer un identifiant naturel, nous créons un attribut artificiel qui servira de base à un identifiant artificiel.

```
        <<Entity>>
         Client
<<AID>> num
<<M>> nom : token
<<M>> prenom : token
<<U-1>> telMobile : word
<<U-2>> eMail : email
<<M>> rueNo : string
<<M>> npa : word
<<M>> localite : token
remarque : string
```

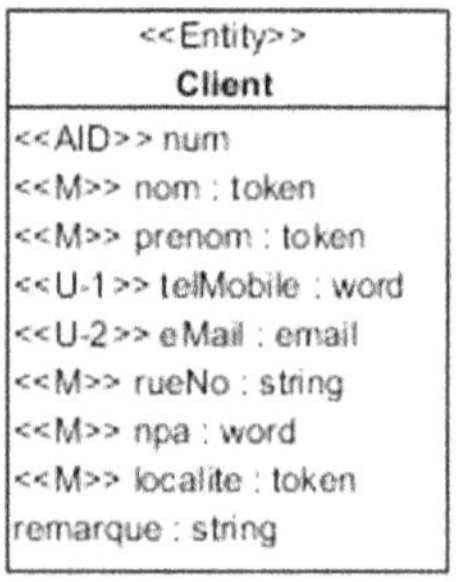

Figure 47 - Identifiant artificiel

5.4 Modification de valeur des attributs

Le ou les attributs constitutifs d'un identifiant naturel peuvent changer de valeur. En effet comme nous l'avons vu :
- Le sens que le ou les attributs naturels véhiculent peut changer au cours du temps.
- Une erreur de saisie doit pouvoir être corrigée.

Le ou les attributs artificiels constitutifs d'un identifiant artificiel ne changent jamais de valeur. Un changement de valeur n'aurait pas de sens, en effet :
- Un attribut artificiel ne véhicule pas de sens.
- Aucune erreur de saisie n'est à craindre car la valeur non significative est fournie par le SII sans intervention de l'utilisateur.

5.5 Cohérence des occurrences d'entité

L'ensemble des occurrences d'une entité est cohérente lorsque :
- Chaque occurrence est unique et identifiable en tant que telle.
- Chaque objet du monde réel est représenté par une et une seule occurrence.
- Tous les objets utiles et nécessaires sont représentés par autant d'occurrences uniques.

---

[27] Ne sont pas concernées les entités associatives ou pseudo associatives qui sont des représentations d'ensembles d'associations.
[28] La clé primaire (PK – Primary Key) de toute table du modèle relationnel.

5.6   Contrainte d'unicité

Pour rappel, un identifiant est composé :
- d'un attribut qui ne peut être nul et dont la valeur est unique ;
- de plusieurs attributs dont au moins un ne peut être nul ; la valeur de l'ensemble des attributs est unique.

Une contrainte d'unicité est composée :
- d'un attribut optionnel dont l'éventuelle valeur est unique ;
- de plusieurs attributs dont un au moins est optionnel; la valeur de l'ensemble des attributs est unique.

La ou les colonnes constitutives d'une ou de plusieurs contraintes d'unicité sont stéréotypés **«U-x»**. x est une valeur allant de 1 à n ; x vaudra 1 pour la 1ère contrainte, 2 pour une éventuelle 2ème et ainsi de suite jusqu'à n.

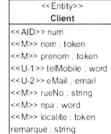

 Le numéro de téléphone mobile ainsi que l'adresse mail du client ne doivent pas être exigés mais, si l'une de ces informations est connue et saisie, elle est unique et pourra servir à identifier le client.

Figure 48 - Contrainte d'unicité

Dès que le ou les attributs constitutifs d'une contrainte d'unicité sont saisis, la contrainte d'unicité devient une sorte d'identifiant optionnel.

 Si le ou tous les attributs constitutifs d'une contrainte d'unicité, marqués du stéréotype **«U-x»**, sont aussi obligatoires, marqués du stéréotype **«M»**, alors il faut remplacer l'unicité et l'obligation de valeur par un identifiant. Le ou les attributs sont alors marqués du stéréotype **«NID-x»**.

6   Attribut ou référence à une entité

6.1   Problématique

Très souvent la question se pose de savoir s'il faut modéliser un attribut ou une référence à une entité.

Tout comme pour l'atomicité, le type de données va nous aider.
Si une donnée doit refléter une valeur de type logique, numérique ou temporelle alors elle sera modélisée comme attribut d'une entité.

 Parmi les différentes propriétés d'un article, nous avons identifié son prix. Le prix d'un article est une valeur numérique donc un simple attribut descendant du type de données **Money**.

<<Entity>>
Article
<<NID-1>> code : word
<<M>> libelle : token
<<M>> prix : nonNegativeMoney
descriptif : string

Figure 49 - Attribut prix de l'entité Article

6.2   Attribut textuel ou référence à une entité

Lorsqu'une donnée est de type textuel, la question peut se poser de savoir s'il s'agit d'un attribut ou d'une référence à une entité. Nous ne savons pas encore comment référencer une entité dans un modèle conceptuel de données mais nous pouvons déjà comprendre le problème à l'aide de maquettes de formulaires.

Lorsqu'une donnée textuelle est modélisée comme attribut, il y a automatiquement un risque de divergences de saisies. La question est de savoir si les divergences de saisies sont préjudiciables à la future exploitation des données. En effet, les divergences de saisies sont sources de bruit.

Lorsqu'une donnée textuelle est modélisée comme référence à une entité, il est alors nécessaire de fixer les modalités de gestion de cette entité. Nous entendons par là qui ou quel rôle au sein de l'entreprise est chargé de gérer et d'assumer la cohérence de l'ensemble des occurrences d'entité [Chapitre 5.5].

 La localité de l'adresse d'un client est-elle un attribut ou une entité ?
La localité de l'adresse d'un employé est-elle un attribut ou une entité ?

6.2.1 Exemple de donnée textuelle modélisée comme attribut

 Nous avons modélisé la localité des clients comme attribut car nous souhaitons que la saisie puisse se faire sans contrainte et, en plus, nous n'avons pas de besoin de traitement des clients par localité.

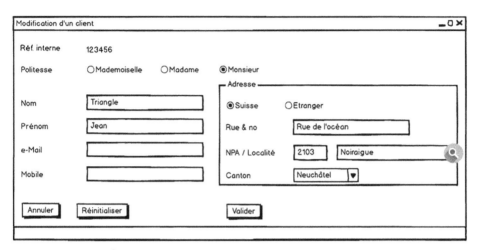

Figure 50 – Localité de domicile des clients comme attribut

6.2.2 Exemple de donnée textuelle modélisée comme entité

 Nous avons modélisé la localité des employés comme entité car nous devons calculer une prime de déplacement qui est liée à la distance entre la localité de domicile de l'employé et la localité d'implantation de l'usine qui l'emploie.

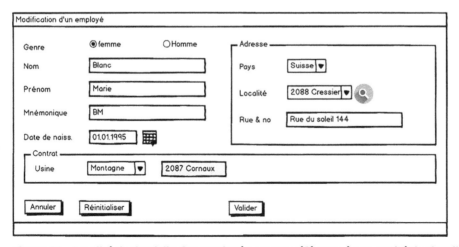

Figure 51 - Localité de domicile des employés comme référence à une entité des localités

6.2.3   Critères de choix

Il peut être difficile de déterminer si une donnée de type textuel doit être modélisée comme un attribut ou comme une référence à une entité.

Les avantages et inconvénients de chacune des deux manières de faire peuvent aider à prendre la bonne décision.

- Les avantages et inconvénients d'une donnée textuelle modélisée comme attribut sont :

Avantage(s)	Inconvénient(s)
L'utilisateur peut saisir toute donnée textuelle sans aucune limite autre que le respect du sous-type textuel utilisé.	Les résultats de recherche ne sont pas fiables.

- Les avantages et inconvénients d'une donnée textuelle modélisée comme référence à une entité sont :

Avantage(s)	Inconvénient(s)
La recherche sur l'entité référencée est fiable.	Il est nécessaire de tenir à jour l'ensemble des occurrences de l'entité référencée.

6.3   Jour et Date

La création d'une entité représentant des jours au lieu d'un seul attribut date est impérative lorsqu'il s'agit d'enregistrer des caractéristiques d'un jour identifié par une date calendaire. Dans l'exemple ci-contre, un attribut **ferie** a été créé car la notion de jour férié ne peut être déduite[29] de la date.

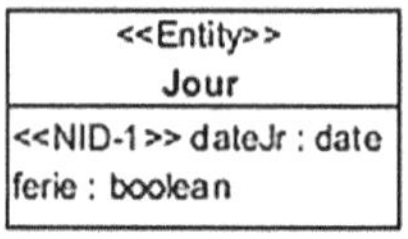

La date devient alors l'identifiant naturel de l'entité **Jour**[30].

Nous nommons l'attribut d'identification naturelle **dateJr** car "date" seul est souvent un mot réservé pour le type de données **date** [Chapitre 4.1.4].

```
        <<Entity>>
           Jour
<<NID-1>> dateJr : date
ferie : boolean
```

Figure 52 - Entité Jour

---

[29] Le dimanche ou Noël peuvent être déduits de la seule valeur de la date mais il en est d'autres comme Vendredi-Saint ou Lundi de Pâques qui ne peuvent pas l'être.
Nous pourrions avoir un attribut **ouvré** qui dans le cadre d'une entreprise permet de définir les jours ouvrés (de travail). Dans ce cas, et selon le métier de l'entreprise, les jours ouvrés peuvent lui être propres et n'avoir aucun lien avec les jours fériés officiels.
[30] Le nom de l'entité est libre et devra être cohérente vis-à-vis du métier de l'entreprise.

7 Association

7.1 *Concept*

Une association est un ensemble de liens[31] de même nature tout comme une entité est un ensemble d'objets de même nature.

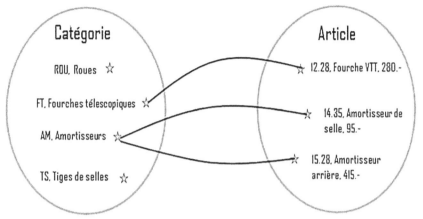

Figure 53 - Ensemble des liens entre catégories et articles

 Chaque article appartient à une catégorie d'article.

Une association peut avoir deux extrémités (association binaire) ou plus (association n-aire).

 Une association n-aire est très contraignante et nous privilégions la réalisation de modèles basés sur des associations binaires ; dès lors, si le terme d'association n'est pas qualifié, il faut comprendre une association binaire. Le chapitre 14 traitera de l'association n-aire. Le reste du livre faisant référence implicitement à des associations binaires.

7.2 *Représentation*

Les deux extrémités d'une association binaire peuvent être adossées à deux entités différentes ou à la même entité, dans ce cas l'association est dite réflexive.

L'association binaire porte un nom et/ou un nom de rôle pour chacune de ses deux extrémités.

Figure 54 - Association binaire

---

[31] Liens entre occurrences d'entités.

7.3   Cardinalité

7.3.1   Concept

La **cardinalité** ou **multiplicité** dans la terminologie UML est un couple de nombres qui exprime la participation des occurrences d'une entité à une association.

Le premier nombre, C_{min}, indique la participation minimale :
- 0 ; la participation est optionnelle.
- 1 ; la participation est obligatoire.
- i de 2 à C_{max} ; i participations minimales obligatoires.

Le deuxième nombre, C_{max}, indique la participation maximale :
- 1 ; la participation est limitée à une seule association.
- * ou n ; la participation peut être infinie.
- j de C_{min} à $\infty-1$; la participation maximale est limitée à j.

Figure 55 - Cardinalités

① La cardinalité 1 ou 1..1 côté ArtCategorie signifie que :
Un article ne peut exister que s'il est attribué à une catégorie, C_{min} = 1, mais il ne peut être attribué qu'à une et une seule catégorie, C_{max} = 1.

② La cardinalité 0..* côté Article signifie que :
Une catégorie peut exister sans contenir d'article, C_{min} = 0, mais elle peut en contenir plusieurs, C_{max} = *.

En UML, la cardinalité d'une classe[32] participant à une association binaire se lit sur l'extrémité de la classe opposée.

---

[32] Pour rappel, une entité est une classe UML stéréotypée **«Entity»**.

7.3.2   Cardinalités minimales

Une cardinalité minimale de 0 est très souvent indispensable pour pouvoir créer une occurrence d'entité sans être obligé de faire un lien avec une autre occurrence d'entité.
Cette cardinalité minimale de 0 peut être de nature temporelle ou organisationnelle.

Figure 56 - Cardinalité minimale de 0

 La cardinalité minimale de 0 du côté Article va nous permettre de créer une catégorie avant d'y associer un article.

En effet, le responsable marketing souhaite pouvoir créer des catégories tout en laissant la gestion des articles au responsable des ventes.
Nous avons donc un rôle Responsable Marketing qui crée les catégories et un autre rôle Responsable Vente qui gère les articles. La gestion des articles implique l'appartenance à une catégorie.

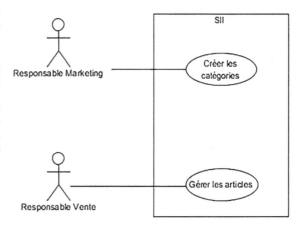

Figure 57 - Cas d'utilisation de la gestion des articles et les catégories d'articles

Le reponsable marketing peut créer des catégories sans être contraint en quoi que ce soit par les articles.

Au cas où le responsable marketing viendrait à vouloir supprimer une catégorie qui contient des articles, le SII l'alerterait ou l'en empêcherait selon les choix de gestion retenus.

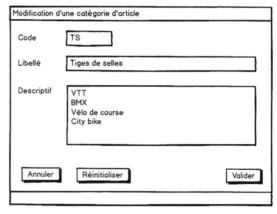

Figure 58 - Modification d'une catégorie d'articles

Le responsable des ventes peut gérer les articles en disposant de la liste des catégories dans une liste déroulante.
Le contenu de la liste déroulante est le résultat du cas d'utilisation Créer les catégories utilisé par le responsable marketing. Il appartient au responsable marketing d'assurer la cohérence de l'entité Categorie comme expliqué au chapitre 5.5

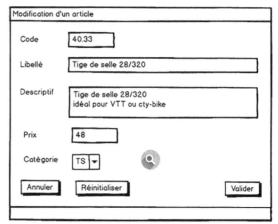

Figure 59 - Modification d'un article

7.3.3   Contraintes implicites

Les valeurs de 1 sur les cardinalités sont contraignantes :
-    La valeur de 1 pour la cardinalité minimale est une **contrainte implicite** stipulant qu'un lien doit exister.
-    La valeur de 1 pour la cardinalité maximale est une **contrainte implicite** stipulant qu'un seul lien est possible.

Il y a donc lieu d'être très prudent en posant ① des valeurs de 1 pour les cardinalités minimales et maximales car il faut s'assurer que les contraintes implicites correspondent à des règles de gestion correctes.

 La cardinalité 1 exprime **implicitement** la règle de gestion suivante: "Un article ne peut être créé que s'il est attribué à une catégorie et il ne peut être attribué qu'à une et une seule catégorie".

Figure 60 - Contraintes implicites de la cardinalité 1 ou 1..1

Lorsque les cardinalités minimales et maximales sont fixées à une valeur précise, ce sont aussi des contraintes implicites devant correspondre à des règles de gestion existantes.

7.3.4   Notation UML

Multiplicité UML		Illustration	Explications
0..1		```<<Entity>> Commande``` ———0..1——— ```<<Entity>> Facture```	Aucune ou une occurrence d'association. Une commande peut exister sans facture mais elle ne pourra pas être liée à plus d'une facture.
1..1	1	```<<Entity>> Commande``` ———1——— ```<<Entity>> Offre```	Une et une seule occurrence d'association. Une occurrence de Commande ne peut exister sans participer à l'association mais elle n'y participe qu'une seule fois.

Multiplicité UML			Illustration	Explications
0..*	*	0..n		Aucune ou plusieurs occurrences d'association. Une occurrence de Classe peut exister sans participer à l'association mais si elle participe à l'association ce ne peut être plusieurs fois.
1..*		1..n		Une ou plusieurs occurrences d'association. Une occurrence de Commande ne peut exister sans participer à l'association mais elle peut y participer plus d'une fois.
i..j				Entre i et j occurrences d'association. Une classe doit compter au minimum 10 étudiants et 20 au maximum.

7.3.5 Notation Merise

Cardinalité Merise	Représentation Merise	Représentation UML
0,1		
1,1		
0,n		
1,n		

Le positionnement des cardinalités/multiplicités des associations binaires est inversé entre Merise et UML.

7.3.6   Notation graphique de Bachman

Notation graphique de Bachman	Représentation UML
Commande ———o| Facture	<<Entity>> Commande ———0..1——— <<Entity>> Facture
Commande ———| Offre	<<Entity>> Commande ———1——— <<Entity>> Offre
Classe ———o< Etudiant	<<Entity>> Classe ———0..*——— <<Entity>> Etudiant
Commande ———< Produit	<<Entity>> Commande ———1..*——— <<Entity>> Produit

Symbole	Signification	
	Cardinalité minimale	**Cardinalité maximale**
O	Optionalité ou 0 en UML	
|	Obligation ou 1 en UML	
<		Plusieurs liens ou * en UML
33		Un seul lien au maximum ou 1 en UML

    La représentation graphique selon Bachman se fait et se lit sur l'entité opposée tout comme avec UML.

---

[33] Absence de la patte d'oie <.

7.3.7   Notation graphique de Barker (Oracle CASE tools)

Notation graphique de Barker	Equivalence UML	Représentation UML
Commande - - - - - - ——— Facture	0..1	<<Entity>> Commando ——— 0..1 ——— <<Entity>> Facturo
Commande ——— - - - - - - Offre	1..1	<<Entity>> Commando ——— 1 ——— <<Entity>> Offro
Classe - - - - - - —< Etudiant	0..n	<<Entity>> Classo ——— 0..* ——— <<Entity>> Etudiant
Commande ——— —< Produit	1..n	<<Entity>> Commando ——— 1..* ——— <<Entity>> Produit

La représentation graphique des cardinalités est particulière :
- La cardinalité minimale se lit du côté de l'entité elle-même.
    - Le trait tillé signifie l'optionalité de participation, le 0.
    - Le trait plein signifie l'obligation de participation, le 1.
- La cardinalité maximale se lit du côté de l'entité opposée.
    - L'absence de patte d'oie < signifie qu'une seule participation est possible, le 1.
    - La présence de la patte d'oie < signifie que plusieurs participations sont possibles : le symbole * ou n.

La lecture complète des cardinalités de la Figure 61 nous apprend que :
- Une classe est constituée de 0 ou plusieurs étudiants.
- Un étudiant appartient obligatoirement à une et une seule classe.

Figure 61 - Exemple de cardinalités Barker

7.3.8   Double cardinalité 1..1 ou exactement 1

Une association de cardinalité maximale et minimale de 1 pour chacune des entités n'a pas lieu d'être car cela signifie que pour créer une occurrence aᵢ de A, il faut créer une occurrence de B et vice-versa.

Dans cette situation, il y a lieu de ne considérer qu'une seule entité dans laquelle tous les attributs sont fusionnés.

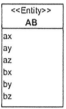

Figure 62 - Association avec double cardinalité 1..1 remplacée par une seule entité

7.4   *Degré d'association*

Le degré d'une association s'applique aux seules associations binaires.

Le degré d'une association consiste à mettre en évidence les cardinalités maximales en ne retenant que les valeurs extrêmes :

1   il n'y a qu'une seule occurrence d'association possible pour une occurrence d'entité;

n   il peut y avoir plusieurs occurrences d'association pour une occurrence d'entité.

Trois degrés d'associations sont exprimables :

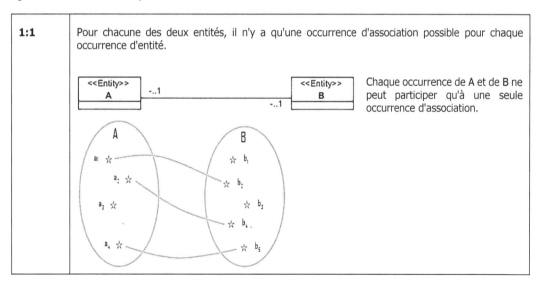

1:n	Il n'y a qu'une seule occurrence d'association pour une occurrence d'entité et plusieurs pour une occurrence de l'autre entité.

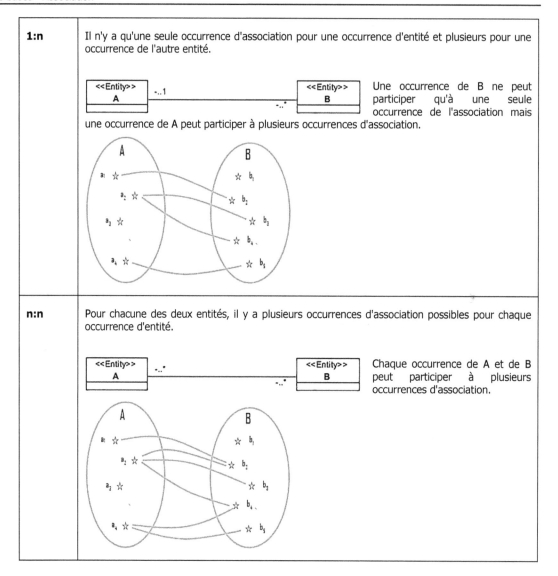

n:n — Pour chacune des deux entités, il y a plusieurs occurrences d'association possibles pour chaque occurrence d'entité.

Chaque occurrence de A et de B peut participer à plusieurs occurrences d'association.

Nous avons mis le caractère d'indifférence "-" pour montrer que les cardinalités minimales n'ont pas d'influence sur le degré d'une association.

Les degrés d'associations sont importants dans la perspective des entités associatives [Chapitre 11.3] et pseudo associatives [Chapitre 11.4].

7.5   *Relation parent-enfant*

Le degré d'une association peut aussi être exprimé sous forme de relation parent-enfant et ceci est particulièrement intéressant pour les associations de degré 1:n où l'entité qui porte à son extrémité la cardinalité maximale de 1 jouera le rôle de parent et son opposée le rôle des enfants.

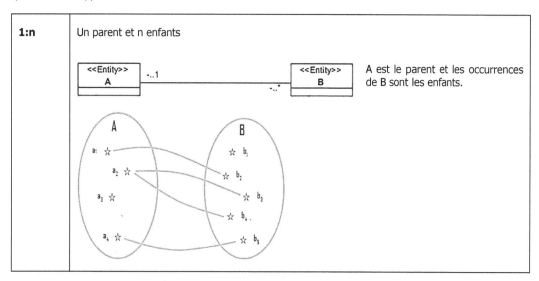

Comme indiqué ci-dessous, les rôles de parent et d'enfant des associations de degré 1:1 et n:n sont commutables.

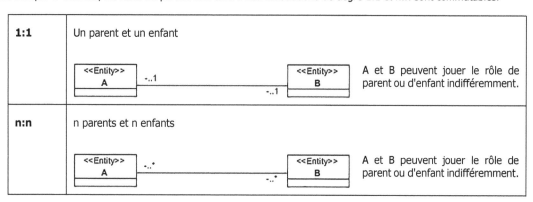

La notion de relation parent-enfant est particulièrement importante dans la perspective des associations identifiantes [Chapitre 9].

7.6   *Référencement d'entité*

Nous avons vu au chapitre 6 que nous remplaçons un attribut par une référence à une entité s'il est nécessaire d'éviter des divergences de saisie sources de bruit.

 La localité de domicile d'un client est une référence à une entité Localite car nous devons pouvoir calculer la distance entre la localité d'un employé et la localité de l'usine qui l'emploie.

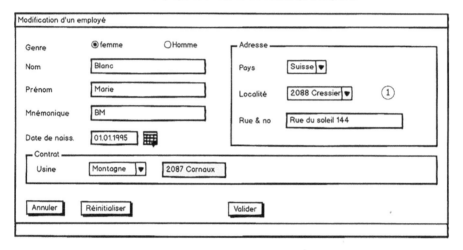

Figure 63 - Localité de domicile des clients comme référence à une entité des localités

La référence à une entité se modélise par une association de degré 1:1 ou 1:n, c'est-à-dire une association dont l'entité référencée va jouer le rôle de parent unique.

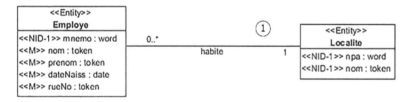

Figure 64 - Entité Localite référencée

 L'association habite entre Employe et Localite représente la référence de la localité de domicile d'un employé. habite est une association de degré 1:n ; l'entité Localité ① est le parent de l'association respectivement la référence de la localité de domicile d'un employé.

8 Produit cartésien

Une association binaire dont les deux entités participantes ont une cardinalité maximale de n ou *, c'est-à-dire de degré n:n, représente un produit cartésien[34].

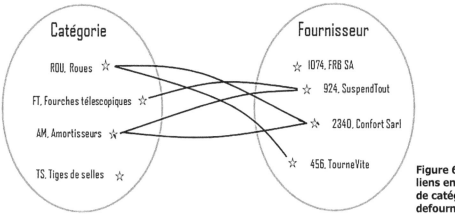

Figure 65 - Ensemble des liens entre occurrences de catégories et defournisseurs

 Une occurrence d'association ou un lien entre une catégorie d'articles et un fournisseur est un couple du produit cartésien fournir entre Catégorie et Fournisseur.

Le produit cartésien peut être représenté sous la forme d'un système d'axes orthogonaux.

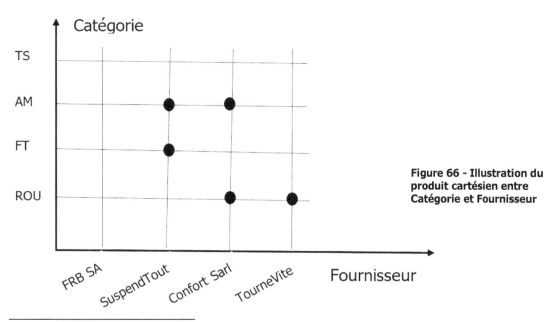

Figure 66 - Illustration du produit cartésien entre Catégorie et Fournisseur

---

[34] Les produits cartésiens doivent leur nom au mathématicien René Descartes (1596 – 1650).
Le produit cartésien S X T de deux ensembles S et T est l'ensemble de tous les couples ordonnés (a, b) où a ∈ S et b ∈ T.

La présence d'une occurrence d'association entre deux occurrences d'entité correspond à un couple du produit cartésien. Entre deux occurrences d'entité, il peut exister une occurrence association (ou un couple du produit cartésien) ou ne pas exister d'occurrence d'association. Mais, en tous les cas, il ne saurait y avoir plus d'une occurrence d'association entre deux mêmes occurrences.

L'existence d'une occurrence d'association entre le fournisseur SuspendTout et la catégorie ROU représente le fait que ce fournisseur fournit cette catégorie d'article.
L'absence d'occurrence d'association entre le fournisseur SuspendTout et la catégorie TS représente le fait que ce fournisseur ne fournit cette catégorie d'article.

Figure 67 - Produit cartésien entre ArtCategorie et Fournisseur

Les cardinalités de l'association n'ont pas trait à l'existence de couples du produit cartésien mais à la participation des occurrences d'entité au produit cartésien.

La cardinalité minimale de 0 sur ① indique qu'une catégorie peut être créée au sein du système d'information sans qu'il soit nécessaire d'indiquer le ou les fournisseurs possibles.
La cardinalité maximale de * ou n sur ① indique qu'une catégorie peut être fournie par plusieurs fournisseurs.

La cardinalité minimale de 0 sur ② indique qu'un fournisseur peut être créé au sein du système d'information sans qu'il soit nécessaire d'indiquer immédiatement quelle est la ou les catégories qu'il fournit.
La cardinalité maximale de * ou n sur ② indique qu'un fournisseur peut fournir plusieurs catégories de produits.

9 Association identifiante

L'identification d'une entité se fait par ses attributs mais les associations peuvent aussi participer à l'identification des entités, de telles associations sont dites identifiantes.

Une association identifiante est de degré 1:1 ou 1:n soit un parent et un enfant ou un parent et plusieurs enfants. L'entité parent, par l'intermédiaire de l'association identifiante, participera à l'identification de l'entité enfant.

Une association identifiante peut se présenter sous deux formes différentes :
- Association identifiante naturelle.
- Association identifiante de composition.

9.1 Association identifiante naturelle

Une association identifiante est dite **naturelle**, lorsque l'entité enfant peut avoir une existence propre. Cela qui implique que :
- Le parent peut être optionnel.
- Le parent, s'il existe, participe à l'identification de l'enfant.
- L'occurrence d'entité parent identifiant peut changer durant la vie de l'occurrence d'entité enfant.

Une association est marquée comme étant identifiante naturelle en mettant le symbole UML de diamant vide ◊ sur le rôle parent.

 Dans le cadre de diagrammes de classes UML, le diamant vide ◊ indique une agrégation. L'agrégation des diagrammes de classes UML n'a pas exactement la même signification que l'association identifiante naturelle de nos modèles conceptuels de données.

Figure 68 - Association identifiante naturelle avec symbole d'agrégation UML

Une association peut aussi être marquée comme étant identifiante naturelle en mettant le stéréotype **«NID»**.

Figure 69 - Association identifiante naturelle avec stéréotype «NID»

Chaque employé est identifié par un mnémonique mais le mnémonique n'est pas unique dans l'absolu. Un mnémonique est unique au sein des employés d'une usine[35].
Tous les employés de l'usine Lac ont un mnémonique unique au sein de l'usine Lac; il en est de même pour les employés de l'usine Montagne.

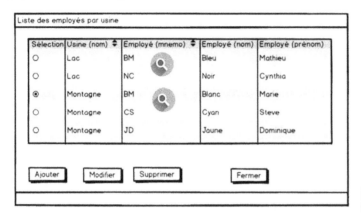

Figure 70 - Deux employés de même mnémonique

Deux employés peuvent avoir un mnémonique identique pour autant qu'ils soient sous contrat avec deux usines différentes. C'est le cas de Bleu Mathieu qui est sous contrat avec l'usine Lac et de Blanc Marie qui est sous contrat avec l'usine Lac ; tous deux ont BM comme mnémonique.

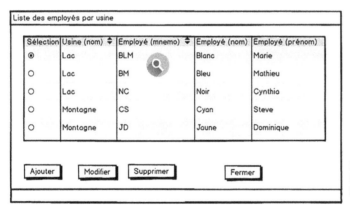

Figure 71 - Changement de mnémonique pour assurer l'unicité

Si l'employée Blanc Marie devait passer de l'usine Montagne à l'usine Lac, elle ne pourrait pas conserver le mnémonique BM qui est attribué à Bleu Mathieu. Une règle de gestion stipule que si le mnémonique formé de la 1ère lettre du nom et du prénom n'est pas unique, la 2ème lettre du nom est rajoutée. Le mnémonique BLM serait attribué à Blanc Marie.

---

[35] L'entreprise que nous modélisons est constituée de plusieurs usines qui sont relativement autonomes.

9.2   Association identifiante de composition

Une association identifiante est dite **de composition** lorsque l'entité enfant est une partie de l'entité parent, ce qui implique que :
-    Le parent est obligatoire.
-    Le parent participe à l'identification du ou des enfants à l'image du nom de famille du parent et des prénoms des différents enfants selon certaines pratiques.
-    Le parent ne peut en aucun cas changer durant la vie d'une entité enfant; en cas d'erreur d'attribution du parent lors de la saisie de l'entité enfant, la saisie doit être supprimée et une nouvelle saisie doit être faite.

Une association est marquée comme étant identifiante de composition en mettant le symbole UML de diamant plein ◆ sur le rôle parent.

 Dans le cadre de diagrammes de classes UML, le diamant plein ◆ indique une composition. La composition des diagrammes de classes UML n'a pas exactement la même signification que l'association identifiante de composition de nos modèles conceptuels de données.

Figure 72 - Association identifiante de composition avec symbole de composition UML

Une association peut aussi être marquée comme étant identifiante de composition en mettant le stéréotype **«CID»**.

Figure 73 - Association identifiante de composition avec stéréotype «CID»

 Chaque atelier est identifié par son nom et le nom de l'usine dont il constitue une partie.

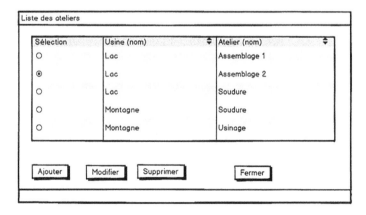

Figure 74 - Liste des usines et leurs ateliers

9.3   *Contrainte d'unicité*

L'entité enfant d'une association identifiante (naturelle ou de composition) peut porter des contraintes d'unicité.

Comme déjà évoqué au chapitre 5.6, le ou les attributs constitutifs d'une ou de plusieurs contraintes d'unicité sont stéréotypés **«U-x»**. x est une valeur allant de 1 à n; x vaudra 1 pour la 1er contrainte d'unicité, 2 pour une éventuelle 2ème et ainsi de suite jusqu'à n.

Les contraintes d'unicités appliquées à une entité enfant d'une ou de plusieurs associations identifiantes sont relatives par défaut ; c'est-à-dire, uniques dans le contexte du ou des parents.

Si l'entité est identifiée par une ou plusieurs associations naturelles, à l'exclusion de toute association de composition, les contraintes d'unicité peuvent être absolues, c'est-à-dire uniques pour toutes les occurrences de l'entité indépendamment du ou des liens identifiants naturels. Les attributs portent la contrainte **{absolute}** .

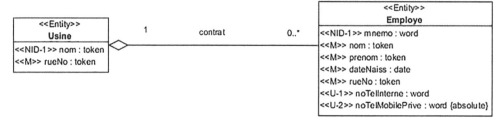

Figure 75 - Association identifiante naturelle et unicité des attributs

- Chaque usine est identifiée par son nom.
- Chaque usine peut avoir plusieurs employés sous contrat.
- Chaque employé est identifiable par un mnémonique ; le mnémonique n'est pas unique dans l'absolu mais uniquement dans le contexte de l'usine qui l'emploie du fait que l'association contrat est identifiante.
- Certains employés peuvent avoir un téléphone personnel à leur place de travail : l'attribut **noTelInterne** est donc optionnel mais unique dans le contexte de l'usine. Cet attribut est stéréotypé «U-1[36]».
- Certains employés peuvent avoir un téléphone mobile privé : l'attribut **noTelMobilePrive** est donc optionnel mais unique dans l'absolu. Cet attribut est stéréotypé «U-2[37]» et la contrainte **{absolute}** lui est ajoutée.

Pour rappel : Au moins un attribut constitutif d'une contrainte d'unicité doit être optionnel, sinon il s'agit d'un identifiant naturel stéréotypé **«NID-i»**.

---

[36] 1, parce que c'est la 1ère contrainte d'unicité.
[37] 2, parce que c'est la 2ème contrainte d'unicité

9.4 Différence essentielle entre association identifiante naturelle et de composition

Il peut être difficile de déterminer si une association identifiante doit être considérée comme naturelle ou de composition. La caractéristique essentielle de stabilité du lien doit nous aider à prendre la bonne décision.

Association identifiante	Caractéristique essentielle
naturelle	Le lien avec le parent peut être modifié.
de composition	Le lien avec le parent ne peut pas être modifié; en cas d'erreur de saisie, il faut détruire l'enfant (qui est une partie du parent) et le recréer.

 Le cas pratique du chapitre 25 va vous aider à comprendre comment faire le choix entre les deux sortes d'associations identifiantes.

10   Note ou commentaire

Il est possible d'associer une note à une entité ou à une association.

Une note peut servir à décrire textuellement une spécification que le formalisme ne permet pas d'exprimer.

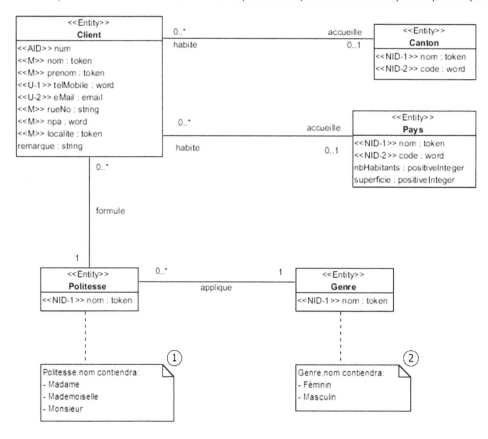

Figure 76 - Notes ① et ② enrichissant les spécifications

11   Formes d'entité

11.1   Entité indépendante

Une entité est qualifiée d'indépendante si elle peut avoir une existence propre sans être contrainte par une association identifiante.

Une entité indépendante est identifiée par un ou plusieurs identifiants naturels ou un identifiant artificiel :

- Un ou plusieurs identifiants naturels.

«NID-1» code
«NID-2» libelle

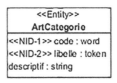

Figure 77 - Identifiants naturels

- Un identifiant artificiel.

«AID» num

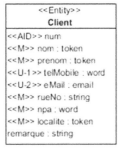

Figure 78 - Identifiant artificiel

11.1.1   Identifiant artificiel

Il est très courant en informatique de gestion d'avoir des entités indépendantes qui n'ont pas d'identifiant naturels, par exemple :
- les clients ;
- les commandes;
- les factures;
- les bulletins de livraison;
- ...

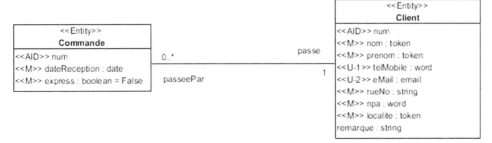

Figure 79 - Identifiants artificiels d'entités indépendantes

L'identifiant naturel d'un client[38] serait une de ses caractéristiques biologiques (empreinte digitale, iris de l'œil, caractéristiques du visage, timbre de la voix…). Ces caractéristiques biologiques ne sauraient être demandées et mémorisées dans une relation commerciale conventionnelle mais les choses évoluent et des éléments d'identification biologique seront peut-être utilisés dans un proche avenir.

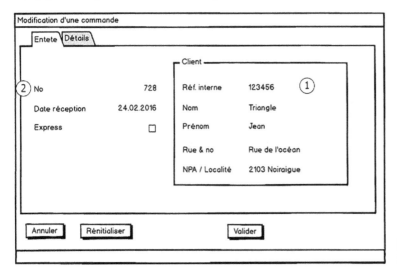

Figure 80 - Valeurs d'identifiants artificiels

 Un client, personne physique, pourra être identifié par son nom ou son prénom mais nom et prénom ne sauraient être uniques. Il est possible d'ajouter l'adresse mais, là encore, sans pouvoir garantir l'unicité nécessaire à un identifiant naturel.

Un client peut être identifié par son adresse e-mail ou son numéro de téléphone portable. Toutefois, dans une relation commerciale ouverte, il n'est pas envisageable de rendre ces deux attributs obligatoires.
En finalité, et très couramment, un attribut artificiel num ① selon nos règles est créé [Voir Réf. Interne dans la Figure 80]. Il servira de base à un identifiant artificiel qui garantira l'identification biunivoque du client[39].

L'identification d'une commande[40] peut se faire par le client (qui a passé la commande) et/ou la date de la commande mais, ces éléments ne sauraient être uniques tout comme pour le nom, le prénom et l'adresse d'un client.

 En finalité, et tout comme pour l'identification d'un client, un attribut artificiel num ② selon nos règles est créé [Voir No dans la Figure 80]. Il servira de base à un identifiant artificiel qui garantira l'identification biunivoque de la commande.

---

[38] Nous verrons plus loin dans ce cours qu'une entité Client est une erreur de modélisation dans de nombreuses situations. En effet, dans une perspective large du système d'information d'une entreprise, un client est une personne physique ou morale qui passe une commande et un fournisseur est une personne morale ou physique à qui l'entreprise passe commande. Client et Fournisseur sont donc, en général, des rôles joués par des personnes morales ou physiques.

[39] L'identifiant artificiel permet de connaître un client précis et un client n'a qu'un et un seul identifiant artificiel.

[40] Nous verrons plus loin dans ce cours qu'une entité nommée Commande peut être ou devenir ambiguë si, à terme, il y a lieu de gérer des commandes de clients et des commandes aux fournisseurs car il s'agit de deux entités différentes avec des caractéristiques différentes et qui portent couramment le même nom.

11.2   Entité dépendante

L'entité **enfant** ou **partie de** d'une association identifiante de composition est une entité dépendante.
Une entité dépendante ne peut pas avoir d'existence propre.
Une entité dépendante est une partie de son parent ou de ses parents.

Une entité dépendante est identifiée par son ou ses parents dont elle est une partie.
Comme un parent peut avoir plusieurs parties, chaque partie doit être identifiée exclusivement par un (ou plusieurs) identifiant naturel ou un identifiant artificiel :

-    Un ou plusieurs identifiants naturels

Figure 81 - Entité dépendante Atelier identifiée par l'usine et l'identifiant naturel basé sur l'attribut nom

Au sein d'une usine, chaque atelier est identifié naturellement par son nom ①. Cette règle de nommage est illustrée par la Figure 74.

-    Un identifiant artificiel.
     Pour les entité dépendantes, l'attribut artificiel qui sert d'identifiant naturel est nommé numDep[41] ; Dep comme **Dépendant**. Pour le reste, il obéit aux règles fixées au chapitre 5.2.2.

Figure 82 - Entité dépendante LigneCde identifiée par la commande et l'identifiant artificiel basé sur l'attribut numDep

Au sein de chaque commande, chaque ligne est identifiée artificiellement par un numéro de ligne ②.

Une commande est constituée de lignes de commande ; chaque ligne de commande réfère un article[42].

---

[41] Voir la note 26.
[42] Dans un souci de facilitation de lecture, nous n'avons pas montré l'entité Article.

11.2.1   Identifiant artificiel

Nous avons vu qu'il est très courant en informatique de gestion d'avoir des entités indépendantes qui n'ont pas d'identifiant naturels, par exemple :
-    les clients ;
-    les commandes ;
-    les factures ;
-    les bulletins de livraison ;
-    ...

Il est tout aussi courant d'avoir des entités dépendantes qui n'ont pas d'identifiant naturels, par exemple :
-    les lignes de commandes;
-    les lignes de factures;
-    les lignes de bulletins de livraison;
-    ...

 Commande est une entité indépendante identifiée artificiellement par un No de commande ① ; cet identifiant artificiel est présenté dans les différents documents car il va permettre de référencer une commande sans ambiguïté.

Pour chacune des lignes de commandes, il en est de même. Il peut être utile d'afficher les No de lignes de commandes ② pour permettre un référencement exempt d'ambiguïté.

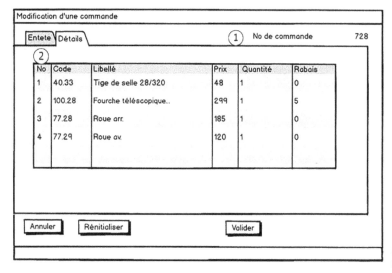

Figure 83 - Identification d'une commande et de ses lignes

11.3   Entité associative

Une entité associative représente les éléments du produit cartésien d'une association de degré n:n.
Il est nécessaire de créer une entité associative pour :

- mettre un ou des attributs aux couples du produit cartésien ;
- associer les couples du produit cartésien à une autre entité.

 Une entité associative n'a pas d'identifiant. Elle n'a pas d'identifiant car elle ne sert qu'à représenter les couples du produit cartésien dans le symbolisme UML.

 Les employés peuvent être allergiques à certaines substances. L'allergie à une substance est mémorisée par l'association entre Employe et Substance ; la date du test est enregistrée de même que l'organisme médical qui a effectué le test.

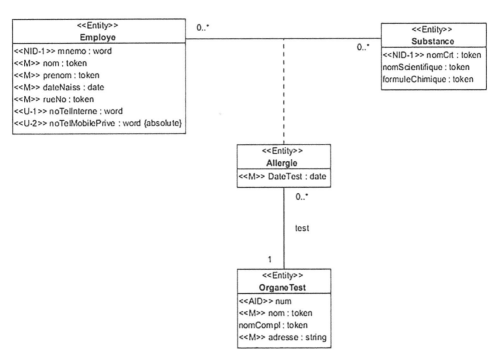

Figure 84 - Entité associative

La date d'enregistrement du test est un attribut du produit cartésien entre Employe et Substance.

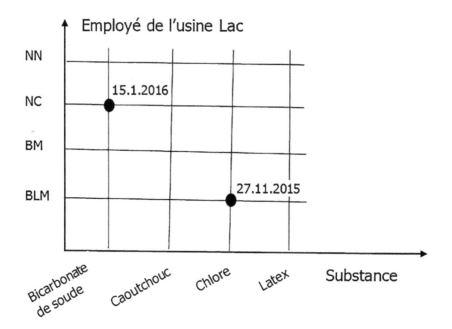

Figure 85 - Produit cartésien

Les couples du produit cartésien peuvent être considérés comme les éléments d'un nouvel ensemble ; ainsi, l'entité associative qui représente ce nouvel ensemble peut à son tour devenir une extrémité d'association.

 Un élément de l'ensemble Allergie représente les associations d'allergies entre employés et substances allergènes.
Les éléments de l'ensemble Allergie sont liés à l'ensemble Organe de tests pour indiquer l'organisme qui a effectué le test.

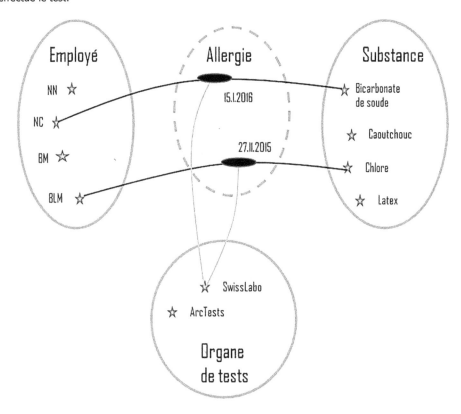

Figure 86 – Ensemble Allergie formés de couples du produit cartésien

 La représentation ci-dessus, n'est pas une association n-aire, ternaire pour être plus précis, telle que présentée au chapitre 14 ; ce schéma représente deux associations binaires qui se complètent.

11.4 Pseudo entité associative

Une pseudo entité associative est utilisée pour matérialiser une association de degré 1:1 ou 1:n tout comme une entité associative matérialise une association de degré n:n.
Le concept de pseudo entité associative n'est pas usuel et le terme même de pseudo entité associative est né de nos travaux liés à la modélisation des données.
Nous proposons de créer une pseudo entité associative pour :
- doter l'association d'attributs et, implicitement, rendre ces attributs dépendants de l'existence de l'association;
- matérialiser l'association et l'utiliser comme source ou destination de nouvelles associations ; tout comme les attributs, ces nouvelles associations sont dépendantes de l'existence de l'association source de la pseudo entité associative.

 Une pseudo entité associative n'a pas d'identifiant. Elle n'a pas d'identifiant car elle ne sert qu'à représenter une association dans le symbolisme UML.

 Un atelier est dirigé par un employé ; un employé ne peut diriger qu'un seul atelier.
Un remplaçant de direction d'atelier peut être nommé ; si tel est le cas un taux de travail pour son activité de remplaçant lui est attribué.
Le taux de travail est obligatoire mais seulement si une occurrence d'association Remplace est créée.

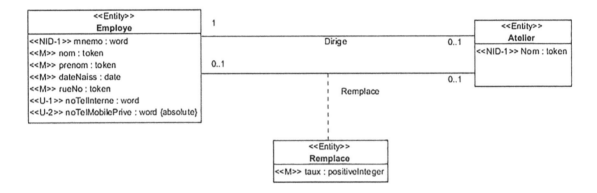

Figure 87 - Pseudo entité associative Remplace

 Le chapitre 26 traite plus en détail des attributs de pseudo entités associatives.

11.5   Entité dépendante n:n

Une entité dépendante n:n est utilisée pour ajouter une troisième dimension à une association binaire de degré n:n. Le concept d'entité dépendante n:n n'est pas usuel et le terme même d'entité dépendante n:n est né de nos travaux liés à la modélisation des données.

La troisième dimension que nous ajoutons à une association binaire de degré n:n n'est pas évidente à comprendre si nous ne présentons pas un exemple d'association n:n qui explicite ce besoin.

 Des primes, sous forme de rabais, sont allouées pour promouvoir certaines catégories de produits ; ces primes sont différentes selon les catégories de clients.

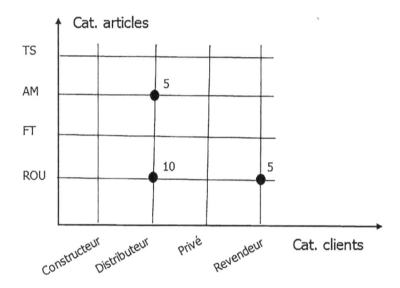

Figure 88 - Produit cartésien à deux dimensions

Les modalités d'allocation de primes évoquées ci-dessus nous mènent à réaliser le modèle ci-dessous.

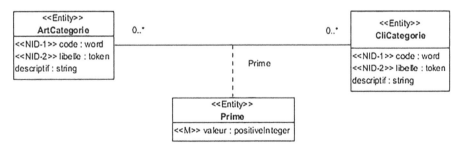

Figure 89 - Association n:n

Toutefois, ces primes ne sont pas figées dans le temps, elles ont une période de validité fixée par une date de début et une date de fin.

Figure 90 - Produit cartésien à trois dimensions

La date de début est une dimension supplémentaire au produit cartésien[43] entre catégorie d'articles et catégories de clients.

La catégorie d'articles AM est dotée d'une prime pour les clients de catégorie Distributeur de :
- ○ 10% du 11.01.2016 au 31.01.2016 ;
- ○ 5% du 05.04.2016 au 15.04.2016.

---

[43] Le produit cartésien représente les primes.

La troisième dimension d'une entité dépendante n:n n'est pas un ensemble d'éléments, une entité, mais un identifiant naturel ou artificiel ①.

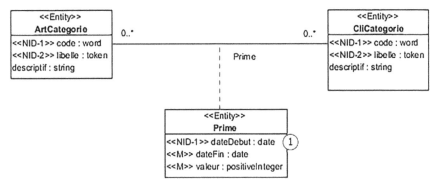

Figure 91 - Entité dépendante n:n

12   Généralisation – spécialisation

12.1   Concept

La généralisation – spécialisation permet d'organiser les entités dans une vision d'ensembles et de sous-ensembles.

Les sous-ensembles deviennent des entités dites spécialisées. Tout sous-ensemble pouvant à son tour être subdivisé en sous-ensemble, la notion d'entité spécialisée n'est pas absolue mais relative au contexte de l'ensemble de départ considéré.

 Les articles forment un ensemble.
L'ensemble des articles est subdivisé en deux sous-ensembles distincts ; le sous-ensemble des articles acquis qui sont achetés chez divers fournisseurs et les articles internes qui sont produits par les ateliers.
Le sous-ensemble des articles internes est à son tour divisé en articles fabriqués et articles assemblés (pas représentés ci-contre mais visible sur le modèle du chapitre 20.1).

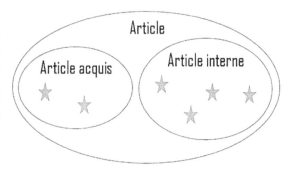

Figure 92 - Ensemble et sous-ensembles

12.2   Représentation

En UML, la généralisation – spécialisation est représentée par une relation de généralisation qui ne comporte ni cardinalité ni nom.

Il y a autant de relation de généralisation qu'il y a d'entités spécialisées. La flèche de chaque relation de généralisation pointe vers l'entité généralisée, c'est-à-dire l'ensemble de départ qui est subdivisé; à l'opposé de la flèche se trouve une entité spécialisée représentant un des sous-ensembles.

L'entité généralisée comporte les caractéristiques communes de l'ensemble.
La ou les entités spécialisées contiennent les caractéristiques particulières à chaque sous-ensemble.

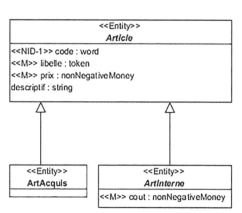

Figure 93 - Généralisation - spécialisation d'articles (1)

 Un article est acquis auprès d'un fournisseur et son prix d'achat dépend du fournisseur [Voir la Figure 94 pour plus de détails].

La généralisation s'exprime généralement sous la forme suivante : *est une sorte de*.

 Un article acquis (ou acheté) est une sorte d'article.

La généralisation exclut implicitement l'appartenance d'un élément à plusieurs sous-ensembles.

 Un article est acheté ou produit à l'interne ; en aucun cas, il ne peut être acheté et produit en interne.
Un article produit à l'interne est fabriqué ou assemblé ; en aucun cas, il ne peut être fabriqué et assemblé.

12.3   Attributs et identification

Comme toute entité spécialisée *est une sorte* d'entité généralisée, chaque occurrence d'entité spécialisée hérite ou dispose des propriétés et associations de l'entité généralisée.

 Un article acheté, occurrence de ArtAcquis, dispose ou hérite du code, du libelle, du descriptif et encore du prix de l'entité Article. Il en est, naturellement, de même pour un article produit à l'interne, occurrence de ArtInterne.

Toute entité généralisée ou spécialisée concrète doit être identifiée par un identifiant naturel ou artificiel. Cette identification peut se faire par héritage de l'identifiant d'une entité généralisée de niveau supérieur.

 Un article acheté est identifié par l'attribut code dont il hérite de l'entité généralisée Article ; il en est, naturellement, de même pour un article produit à l'interne.

Un identifiant artificiel doit être créé si un identifiant naturel n'est pas trouvé pour l'entité généralisée et qu'il n'en est pas trouvé non plus pour chacune des entités spécialisées.
La structure de généralisation – spécialisation pouvant être récursive[44], l'identifiant artificiel doit être placé sur l'entité généralisée de plus haut niveau.

---

[44] Une entité spécialisée peut devenir à son tour l'entité généralisée d'une spécialisation de niveau inférieur. Le sous-ensemble devient à son tour l'ensemble que l'on divise en sous-ensembles.

12.4 Démarche

La mise en place d'une structure d'ensemble et de sous-ensembles donc de généralisation – spécialisation peut obéir à deux démarches complémentaires :
- La généralisation qui permet de faire ressortir les caractéristiques communes à plusieurs entités ; ces caractéristiques communes constituent la base d'une nouvelle entité généralisée.
- La spécialisation qui est le cheminement inverse de la généralisation ; la spécialisation permet de décliner des caractéristiques particulières à certaines occurrences d'une entité. Ces occurrences d'entité qui ont des caractéristiques particulières de même nature sont regroupées dans une ou plusieurs nouvelles entités spécialisées.

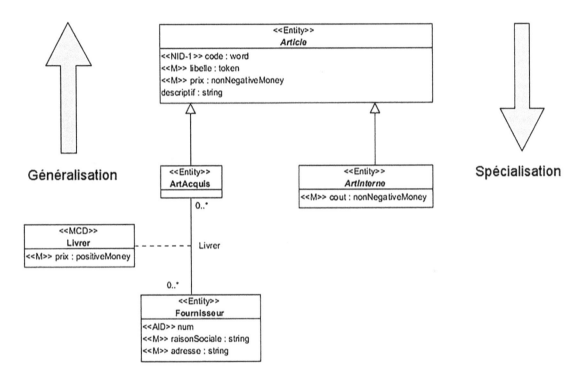

Figure 94 - Généralisation - spécialisation d'articles (2)

Généralisation :
- Tout article est identifié par un code et possède un prix de vente.

Spécialisation :
- Pour un article produit à l'interne, il est nécessaire de connaître le coût de production et l'atelier qui le produit.
- Pour un article acheté, il peut y avoir plusieurs fournisseurs qui ont un prix de vente qui diffère.

12.5 Contraintes d'intégrité

La relation de généralisation – spécialisation comporte implicitement les contraintes d'intégrité suivantes :

- Toute occurrence d'entité spécialisée est obligatoirement une et une seule occurrence de l'entité généralisée.
- Toute occurrence d'entité ne peut être spécialisée que par une seule occurrence d'une seule entité spécialisée[45].

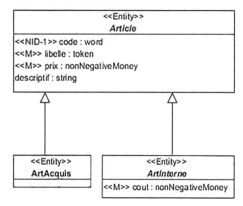

Figure 95 - Contraintes d'intégrité implicites de la relation de généralisation - spécialisation

La généralisation – spécialisation est statique et permanente. Lorsqu'une relation de généralisation – spécialisation est établie entre une occurrence de super-entité A et une occurrence de sous-entité B elle ne peut pas être transformée en :

- changeant d'occurrence de la super-entité A;
- changeant d'occurrence de la sous-entité B ;
- transférant la spécialisation d'une occurrence de B vers une occurrence de C.

 Un article acheté ne peut pas devenir un article produit à l'interne.
Si un article acheté venait à être produit à l'interne, il faudrait alors créer un nouvel article.

---

[45] Les restrictions ou contraintes d'intégrité que nous venons d'énumérer s'appliquent à la modélisation des données. Dans la vision générale du langage UML appliquée à la technologie orientée objet, ces restrictions ne s'appliquent pas. Une sous-classe UML peut être la spécialisation de plus d'une super-classe et une super-classe peut être spécialisée par plus d'une sous-classe.

12.6   Sous-ensembles et partitionnement d'ensemble

Nous avons vu que la relation de généralisation permet de mettre en place le concept d'ensemble et de sous-ensembles.

Lors de la subdivision d'un ensemble en sous-ensembles, il est possible qu'un élément ne corresponde pas aux critères d'attribution de l'un ou l'autre des sous-ensembles ; un tel élément est alors une occurrence de l'entité généralisée sans spécialisation.

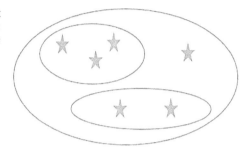

Figure 96 Sous-ensembles

Par contre, il est tout à fait possible de définir que tout élément d'un ensemble subdivisé appartienne obligatoirement à un des sous-ensembles ; on parle alors de partitionnement d'un ensemble.
En UML, le partitionnement est spécifié en mettant le stéréotype **«abstract»** sur l'entité généralisée. Pour faciliter la lecture des diagrammes, le stéréotype **«abstract»** n'est pas affiché mais il est remplacé par l'écriture de l'entité généralisée en italique.

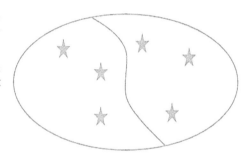

Figure 97 - Partitionnement d'ensemble

 L'ensemble des articles est partitionné en articles achetés et articles produits à l'interne.
L'entité Article est donc abstraite et écrite en italique.

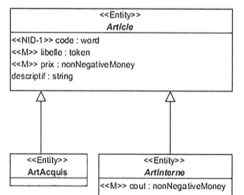

Figure 98 - Partitionnement des articles

13   Association réflexive

13.1   Concept

Nous avons déjà vu qu'une association est un ensemble de liens de même nature. Par extension, une association réflexive est un ensemble de liens (ou relations) de même nature entre éléments d'une même entité.

Le concept de relations entre éléments est traité en mathématique en tant que **Théorie des graphes**. En théorie des graphes, un élément est un **nœud** ou **sommet** et une relation entre deux sommets est un **arc**.

Nous nous appuierons sur la vision mathématique des graphes pour comprendre et expliquer les relations entre éléments d'une même entité. Ensuite, nous les modéliserons sous forme d'associations réflexives.

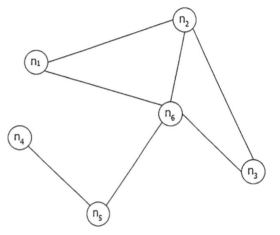

Figure 99 - Graphe, nœuds et arcs

L'association réflexive **Arc** de la Figure 100 est une abstraction des arcs entre éléments de l'entité **Nœud**.

 Une association réflexive modélise des arcs. Ces arcs peuvent former **un ou plusieurs graphes**.

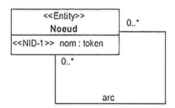

Figure 100 - Association réflexive générique

13.2   Cardinalités

13.2.1   Cardinalité minimale

En théorie des graphes, un nœud de graphe non orienté[46] peut exister sans être relié à un autre nœud par un arc. Un tel nœud est dit *isolé*. En général, tout nœud est relié au graphe par au moins un arc.
S'agissant de graphes orientés, un nœud est isolé s'il n'a ni arc sortant ni arc entrant. Comme pour les graphes non orientés, il est très rare de créer un nœud isolé ; toutefois, il est courant d'avoir des nœuds sans arcs sortants ou entrants (voir les nœuds n_1 et n_4 de la Figure 101).

---

[46] La définition de graphe orienté et de graphe non orienté est donnée au chapitre suivant.

Sauf cas très particuliers, lorsque nous modélisons une structure de graphe, les cardinalités minimales des deux extrémités des associations réflexives portent la valeur de 0.

Ces cardinalités minimales à 0 ne signifient pas nécessairement que nous identifions des nœuds isolés pour les graphes non orientés ou des nœuds initiaux ou terminaux pour les graphes orientés ; en général, les cardinalités minimales à 0 évitent d'introduire des contraintes bloquantes lors de l'acquisition de données.

En effet, toute cardinalité minimale à 1 implique de devoir créer un arc en même temps que l'on crée un nœud et pour créer cet arc il faut créer un nœud...

En conclusion, les associations réflexives portent des cardinalités minimales de 0 pour permettre la saisie de nœuds dans un premier temps et d'arcs dans un deuxième temps.

Selon la problématique traitée, il est tout à fait imaginable de disposer d'une procédure automatique de contrôle de qualité pour vérifier l'absence de nœud isolé, initial ou terminal.

13.2.2   Cardinalité maximale

Les cardinalités maximales des extrémités d'une association réflexive sont toutes deux à n pour modéliser un graphe. Nous justifions cette valeur par le fait que tout nœud d'un graphe peut être relié à plus d'un nœud qui lui-même est relié à plusieurs nœuds et ainsi de suite.

Un graphe est donc modélisé par une association réflexive de **degré n:n**.

Nous verrons par la suite qu'il existe deux structures particulières de graphes que nous modélisons avec des associations de degré différent :

- La structure en arbre que nous modélisons avec une association de **degré 1:n.**
- La structure de liste que nous modélisons avec une association de **degré 1:1.**

13.3   Graphe

13.3.1   Arcs

Un arc orienté spécifie que l'orientation ou le sens des couples de nœuds doit être respecté.

Une flèche sur l'arc marque l'orientation.

L'arc a_1 ci-contre va de n_3 à n_2 et l'arc a_2 va de n_2 à n_3.

L'arc a_3 va de n_2 à n_1, mais il n'y a pas d'arc de n_1 à n_2.

Les arcs d'un graphe doivent être uniformément non orientés ou orientés.

Un arc orienté signifie "**de** nœud$_i$ **à** nœud$_k$"; un arc non orienté signifie "**entre** nœud$_i$ **et** nœud$_k$".

Les arcs peuvent porter des données. Il peut s'agir de la distance entre deux villes pour un graphe de routes entre villes.

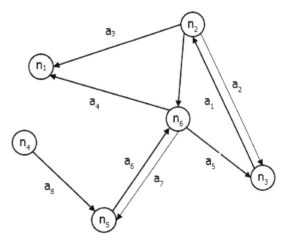

Figure 101 - Graphe orienté

13.3.2   Graphe non orienté

Un graphe non orienté est formé uniformément d'arcs non orientés.

 Le graphe représente les routes reliant deux villes. Les villes sont les nœuds du graphe et les routes sont les arcs du graphe.

La présence d'un arc non orienté montre qu'il y a une route **entre** deux villes et que cette route peut être parcourue dans les deux sens.

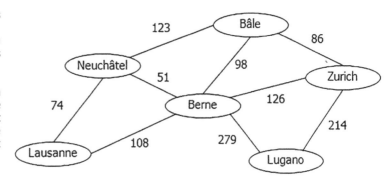

Figure 102 - Graphe des routes avec indication de la distance entre villes

Les arcs d'un graphe non orienté se modélisent par une association réflexive nommée de degré n:n et portant la contrainte **{nonoriented}**[47]. Les noms de rôles de l'association ne doivent pas être renseignés car les deux nœuds ne jouent pas de rôle particulier et ils peuvent être permutés.

 L'ensemble des villes est modélisé par l'entité Ville et l'ensemble des chemins entre les villes par l'association Route. La distance entre les villes est spécifiée comme attribut de l'association réflexive.

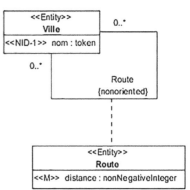

Figure 103 - MCD de graphe non orienté

 Il peut y avoir dans l'ensemble des occurrences de l'association **Route** plusieurs graphes non orientés.

---

[47] Le formalisme des contraintes UML est expliqué au chapitre 16

13.3.3 Graphe orienté

Un graphe orienté est formé uniformément d'arcs orientés.

 Le graphe représente les stations de tram et les liaisons entre stations.
Les stations sont les nœuds du graphe ; les liaisons sont les arcs du graphe.
La présence d'un arc orienté montre qu'il y a une liaison d'une station s_i à une station s_k. Pour aller de s_k à s_i, il faut qu'il y ait un arc en sens inverse ; c'est le cas pour la liaison entre les stations La Gare et Les Prés qui est double.

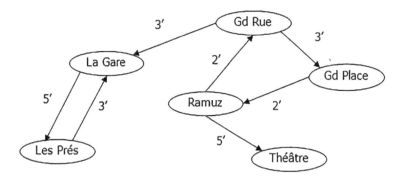

Figure 104 - Graphe des liaisons entre stations de tram avec indication du temps de parcours

Les arcs d'un graphe orienté se modélisent par une association réflexive, nommée ou pas, de degré n:n et portant la contrainte {**oriented**}[48]. Les noms de rôles de l'association doivent impérativement être renseignés car les deux nœuds jouent chacun un rôle particulier. Les deux nœuds ne peuvent pas être permutés afin de ne pas perdre le sens de l'orientation.

 L'ensemble des stations est modélisé par l'entité Station et l'ensemble des liaisons entre les stations par l'association Liaison ; les rôles de Depart et Arrivee spécifient l'orientation de la liaison. Le temps de parcours est spécifié comme attribut de l'association réflexive.

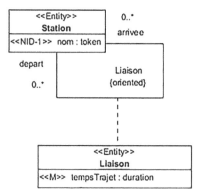

Figure 105 - MCD de graphe orienté

 Il peut y avoir dans l'ensemble des occurrences de l'association **Liaison** plusieurs graphes orientés.

---

[48] Le formalisme des contraintes UML est expliqué au chapitre 16

13.4 Arbre

Un arbre est un graphe particulier qui est construit à partir d'un nœud dit **racine** de l'arbre. A cette racine, plusieurs nœuds peuvent être liés par un arc orienté unique ; ensuite, et de manière récursive, chacun de ces nœuds peut être lié à de nouveaux nœuds. Les nœuds qui terminent l'arbre sont appelés **feuilles**.

Un arbre est orienté du nœud racine vers les nœuds feuilles par des chemins uniques. En aucun cas un chemin inverse ne peut exister car cela voudrait dire que les feuilles d'un arbre peuvent aussi en être la racine.

 L'arbre représente les liens de filiation de la descendance de Marron Jean, racine de l'arbre; Marron Jeanne, Stéphane, Philippe, Marie et Pierre en sont les feuilles.

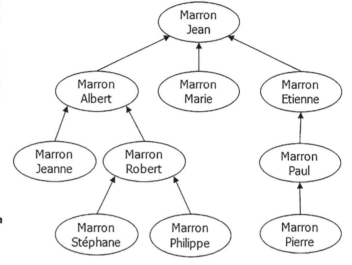

Figure 106 - Arbre généalogique de la descendance de Marron Jean

Les arcs d'un **arbre** se modélisent par une association réflexive de **degré 1:n.**
Les cardinalités maximales renseignent implicitement sur l'orientation des relations. Pour éviter toute confusion de lecture du modèle, nous recommandons de **spécifier les rôles** pour rendre l'orientation de l'arbre explicite.

 L'ensemble des membres de l'arbre généalogique est modélisé par l'entité Personne et l'ensemble des liens de filiation par l'association Filiation. En l'absence de date de naissance, le rôle enfant est ordonné pour respecter l'ordonnancement de chaque fratrie.

Si nécessaire :
- Une contrainte d'ordonnancement **{ordered}** [Chapitre 16.2.2.3] peut être posée sur l'extrémité n ou *.
- Une pseudo-entité associative peut être adossée à l'association réflexive pour y faire porter des attributs.

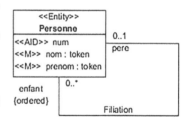

Figure 107 - MCD de la filiation Père - Enfants

La cardinalité minimale de 0 sur le rôle **Pere** permet de créer la *racine* de l'arbre.
La cardinalité minimale de 0 sur le rôle **Enfant** permet de créer les *feuilles* de l'arbre.
La cardinalité maximale de n sur le rôle **Enfant** permet de créer les multiples branches de l'arbre.
La cardinalité maximale de 1 sur le rôle **Pere** garantit que chaque branche de l'arbre est rattachée à un seul nœud ancêtre.

 Il peut y avoir dans l'ensemble des occurrences de l'association **Filiation** plusieurs arbres; chaque arbre est initialisé par une *racine* différente pour autant de personnes qui jouent le rôle d'ancêtre le plus ancien d'une famille.

13.5   Liste

Une liste est un arbre particulier. Une liste est un arbre doté d'une seule branche composée d'une racine, d'une feuille et d'éventuels nœuds intermédiaires.

Une liste est orientée du nœud racine vers le nœud feuille par un chemin unique ; en aucun cas un chemin inverse ne peut exister car cela voudrait dire qu'une feuille de liste peut aussi en être la racine.

 La liste ci-contre représente les liens de fratrie entre des personnes. Les arcs portent la différence d'âge entre aîné et cadet.

Figure 108 - Vision ensembliste d'une fratrie

Marron Albert est le frère de Marie et d'Etienne. Albert est, de 2 ans, l'aîné de Marie et Marie l'aînée, de 3 ans, d'Etienne. Par transitivité, en parcourant la branche, nous déduisons qu'Albert est de 5 ans le frère aîné d'Etienne.

Les arcs d'une liste se modélisent par une association réflexive de degré 1:1 avec indication de rôle; ils portent la contrainte **{oriented}**[49].

Les rôles doivent impérativement être spécifiés car les cardinalités maximales ne peuvent nous renseigner sur un sens implicite des arcs.

 L'ensemble des membres de la fratrie est modélisé par l'entité Personne et l'ensemble des liens de fratrie par l'association Fratrie.

La différence d'âge entre aîné ou cadet est enregistrée dans l'attribut ecart de la pseudo entité associative Fratrie.

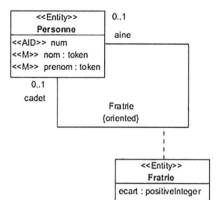

Figure 109 - MCD d'une fratrie avec indication de la différence d'âge

La cardinalité minimale de 0 sur le rôle **Aine** permet de créer la *racine* de la liste.

La cardinalité minimale de 0 sur le rôle **Cadet** permet de créer la *feuille* de la liste.

La cardinalité maximale de 1 sur le rôle **Cadet** permet de définir l'unicité descendante de la branche ; toute personne ne peut avoir qu'un seul frère ou sœur cadet direct.

La cardinalité maximale de 1 sur le rôle **Aine** garantit l'unicité montante de la branche de l'arbre ; toute personne ne peut avoir qu'un seul frère ou sœur aîné direct.

 Il peut y avoir dans l'ensemble des occurrences de l'association **Fratrie** plusieurs listes.

 En programmation une liste peut être bouclée. Dans une liste bouclée, tout élément a un prédécesseur et un successeur. En modélisation conceptuelle de données, cette notion ne s'applique pas ou qu'exceptionnellement car nous devrions mettre les cardinalités minimales à 1 avec toutes les contraintes que cela impliquerait.

---

[49] Le formalisme des contraintes UML est expliqué au Chapitre 16

13.6   Couple

Une association réflexive de degré 1:1 peut être utilisée sans spécification de rôle pour définir les couples formés par deux éléments. Un élément ne peut être associé qu'à un seul autre élément pour former un couple ; le rôle de chaque élément n'est pas spécifié. L'association porte la contrainte **{nonoriented}**[50].

Un tel modèle pourrait s'appliquer à la relation « pacsés » entre deux personnes comme illustré en Figure 110.

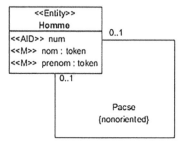

Figure 110 - MCD de relation pacsés entre 2 hommes

---

[50] Le formalisme des contraintes UML est expliqué au chapitre 16

14   Association n-aire

14.1   Concept

Une association n-aire relie plus de deux entités.

Dans le cas de 3 entités (n = 3), nous parlons d'association ternaire.

Théoriquement, chacune des entités ou chacun des rôles d'entité[51] qui participe à une association n-aire peut avoir une cardinalité quelconque. Dès lors, la lecture des associations n-aires est excessivement difficile et sujette à des interprétations divergentes.

Pour minimiser les risques d'interprétations divergentes, nous considérons, dans ce livre, les associations n-aires comme des produits cartésiens de n dimensions à l'image des associations binaires de degré n:n ; chaque entité ou chaque rôle d'entité qui participe à une association n-aire aura obligatoirement une cardinalité maximale de n.

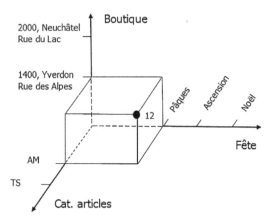

Figure 111 - Produit cartésien ternaire

Pour les fêtes, Noël, Pâques ou encore l'Ascension, des rabais de promotion sont offerts.

Les rabais sont ciblés en fonction de la situation géographique des boutiques ; par exemple, les amortisseurs de vélo seront en promotion à la boutique d'Yverdon pour les fêtes de Pâques.

---

[51] Une entité peut participer plusieurs fois à une association n-aire avec des rôles différents.

14.2 Représentation

UML, le langage sur lequel nous nous appuyons pour réaliser nos modèles, propose une représentation ad-hoc de l'association n-aire. Mais la représentation UML de l'association n-aire est sujette à confusion et nous nous l'interdisons dans ce livre.

En lieu et place nous utilisons une entité que nous qualifions de n-aire ①. Ensuite, chaque entité ou rôle d'entité qui participe à l'association n-aire est reliée à l'entité n-aire par une association identifiante de composition de degré 1:n.

L'entité n-aire n'a pas d'identifiant tout comme une entité associative.

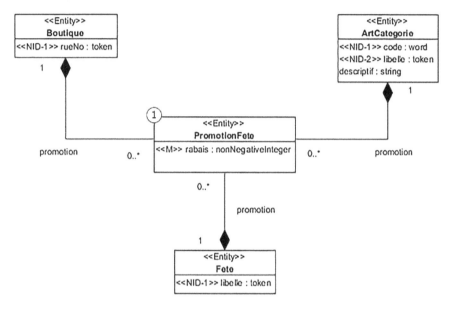

Figure 112 - Association n-aire de promotions de fêtes

14.3   Simulation d'une association n-aire avec le stéréotype «CP»

Une association n-aire nécessite la présence d'une occurrence de chaque entité ou rôle d'entité qui participe à l'association ; en certaines situations, cela peut s'avérer très contraignant.

Pour éviter ces contraintes, nous proposons de ne pas réaliser une association n-aire mais de la simuler.
Pour ce faire, l'entité n-aire devient une entité indépendante ① identifiée par un attribut artificiel.
Les associations identifiantes de composition perdent leur caractère d'identification de composition ; en lieu et place du symbole ◆, nous mettons le stéréotype «CP» qui signifie que l'association est un axe de produit cartésien simulé.

Les associations simulant le produit cartésien n'étant plus identifiantes de composition, il est aisé de remplacer en tout temps l'obligation d'une des associations ②, cardinalité 1, en une optionalité, cardinalité 0..1.

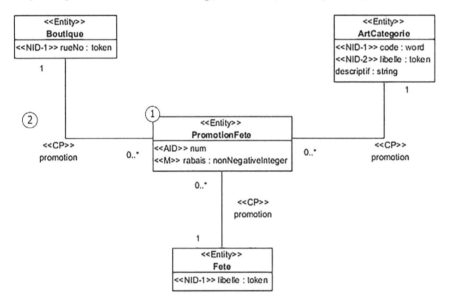

Figure 113 - Simulation d'association n-aire avec le stéréotype «CP»

15 Historisation

15.1 Dimension temporelle

Dans les chapitres précédents, nous avons appris à concevoir des modèles de données relativement élaborés en visant l'objectif premier qui est de garantir que toute donnée utile soit présente et **sans redondance**. Dans ce chapitre, nous prendrons en compte une contrainte supplémentaire qui est l'**historisation des données**.

L'historisation des données est indispensable pour assurer que nos modèles ne soient pas figés dans le temps, telle une photo, mais soient susceptibles de prendre en compte les changements temporels, tel un film.

Nous devons prendre en compte l'historisation des données lorsque le besoin de dérouler le temps est exprimé explicitement ou implicitement.
Toutefois, de plus en plus souvent, l'historisation des données est aussi indispensable pour satisfaire aux exigences des processus de certification des systèmes de qualité des entreprises; par exemple, pour la certification de la famille ISO 9000, il s'agit notamment de garantir **la traçabilité des processus, la traçabilité documents** ou encore **la traçabilité des enregistrements de données.**

Des primes sont attribuées en fonction de la catégorie de clients et de la catégorie d'articles.
L'attribut valeur de l'entité associative Prime permet de fixer une prime s'appliquant à une catégorie de clients pour une catégorie d'article.

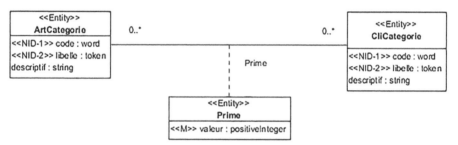

Figure 114 – Entité associative sans historisation des primes

Pour prendre en compte le besoin de tracer les changements et modéliser non pas une situation à un instant t mais l'évolution des changements au fil du temps, il est nécessaire d'introduire une dimension temporelle. Cette dimension temporelle peut être mise en place de multiples manières dont :
- Transformation d'une entité associative en une entité dépendante n:n, ce que nous ferons pour notre exemple.
- Remplacement d'un attribut par une entité dépendante.
- Remplacement d'un attribut par une entité associative.
- Ajout d'une dimension à une association n-aire.

Pour assurer l'historisation des primes, nous associons à chaque prime une date de début de validité et une date de fin.

La date de début de validité d'une prime est utilisée comme identifiant naturel de l'entité Prime qui d'entité associative devient entité dépendante n:n.

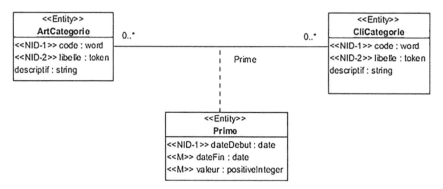

Figure 115 - Entité dépendante n:n pour l'historisation des primes

15.2   Traçabilité

L'historisation ne concerne pas que la gestion de l'aspect temporel. Il s'agit aussi de garantir la traçabilité du cheminement qui conduit à fixer des valeurs de données.

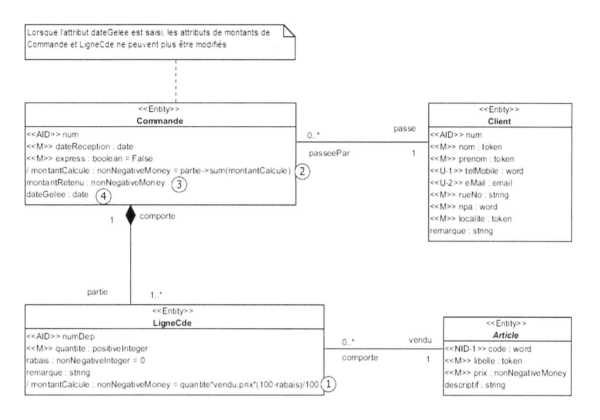

Figure 116 - Traçabilité de l'établissement du montant d'une facture

 ① Le montant d'une ligne de commande est obtenu en multipliant le prix du produit par la quantité. Si un rabais est accordé, il est déduit de ce montant[52].
② Le montant d'une commande est obtenu en additionnant le montant de chacune des lignes de commandes.
③ Le montant d'une commande peut être arrondi par le responsable du marché.
④ Dès que la commande est finalisée, les différents montants ne peuvent plus être modifiés.

L'attribut dateGelee, lorsqu'il est saisi, va permettre d'interdire la modification des différents montants calculés ou retenus. La manière de faire n'est pas décrite par le MCD.
Les deux attributs montantCalcule permettent de garder la trace des montants calculés (en cas de changement de prix de produit ou autre et pour autant que l'attribut dateGelee soit bien pris en compte).

---

[52] Ici apparait clairement la différence entre l'expression d'une règle métier "si un rabais est accordé, il est déduit de ce montant" et la spécification formelle qui la réalise sous forme d'une opération arithmétique "quantite*vendu.prix*(100-rabais)/100".

15.3 Prise en compte de l'historisation

La prise en compte de l'historique des données d'une entreprise rend difficile le travail de conception car, d'une par, les critères pour déterminer les éléments à historiser sont difficiles à mettre en évidence et, d'autre part, les modèles permettant l'historisation deviennent très vite relativement complexes[53] de par la multitude de critères temporels.

Si le travail de conception est difficile, le travail de développement lui peut être qualifié d'excessivement difficile; le volume de travail devient vite très important et les difficultés techniques conséquentes dès lors que l'on multiplie les données historisées.

Du fait de ces difficultés, le recours à la journalisation des manipulations des données aux niveaux logique et/ou physique, voire le recours à la mise en place d'entrepôts de données sont courants.

---

[53] Dans le sens mathématique du terme.

16   Contraintes formelles

16.1   Contraintes implicites et contraintes formelles (ou explicites)

Dans les chapitres précédents, nous avons vu que les mécanismes de construction d'un modèle conceptuel de données induisent de multiples contraintes implicites liées :
-    aux types de données des attributs;
-    aux stéréotypes;
-    à la présence d'associations;
-    aux cardinalités des associations;
-    aux associations identifiantes de composition;
-    ...

En UML, une contrainte formelle est une chaîne de texte entre accolades, par exemple **{ordered}**.

 La contrainte **{ordered}** ci-contre spécifie que les mois sont ordonnés {Janvier, Février, Mars...}.

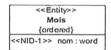

Figure 117 - Contrainte UML

Par ailleurs, le concept de classe UML que nous utilisons pour modéliser les entités permet de représenter des opérations en plus des attributs. Nous utiliserons la notion d'opération UML pour modéliser des contraintes formelles.
Une contrainte, sous forme d'opération UML, doit respecter la syntaxe des opérations UML, à savoir :
-    des parenthèses () pour indiquer les éventuels paramètres séparés par une virgule ;
-    un type de données de retour qui est toujours logique par défaut; en effet une contrainte sera respectée ou pas.

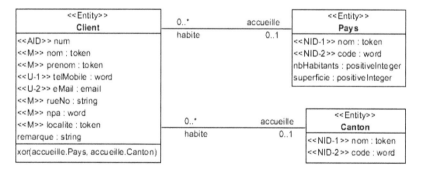

Figure 118 - Contrainte explicite sous forme d'opération UML

 La contrainte **xor**(accueille.Pays, accueille.Canton) spécifie que la localité de domicile d'un client doit obligatoirement être située exclusivement dans un canton suisse ou dans un pays étranger.

16.2   Contraintes au format UML

16.2.1   Contrainte de non modification {frozen}

Une contrainte de non modification ou **{frozen}** s'applique à des attributs d'entités ou à des associations.

Une contrainte de non modification interdit de modifier la valeur d'une donnée; tout au long de sa vie, cette donnée conservera la valeur qui lui a été affectée lors de sa création.

Un bon exemple de cette contrainte est la relation qui existe entre une commande et le client qui passe la commande. Dès qu'une commande est validée[54], il ne faut pas que la référence au client change car il se pourrait alors qu'un client x reçoive la commande et qu'un client y reçoive la facture relative à la commande.

 Toute commande passée par un client ne saurait être attribuée ou transférée à un autre client.
La date de réception d'une commande doit être enregistrée par le système informatique et ne doit pas pouvoir être modifiée par un utilisateur.

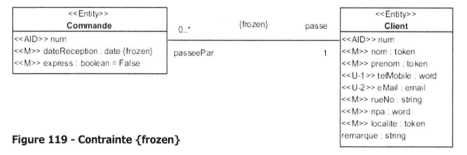

Figure 119 - Contrainte {frozen}

Si un attribut comporte la contrainte **{frozen}**, il doit être alimenté automatiquement par le système informatique ; une saisie manuelle n'est pas acceptable car cela impliquerait que l'opérateur de saisie n'a pas le droit de se tromper.

16.2.2   Contrainte d'ordonnancement {ordered}

Une contrainte d'ordonnancement ou **{ordered}** spécifie qu'un ensemble d'éléments doit être présenté en respectant un ordre établi par l'utilisateur de l'application et non pas aléatoirement.

La contrainte d'ordonnancement permet de spécifier que l'utilisateur devra pouvoir changer l'ordre de présentation des occurrences d'entités. Dans l'exemple ci-contre, les flèches ^ et v permettent à l'utilisateur de Visual Paradigm de déplacer les attributs d'une entité[55] selon ses besoins du modélisateur.

Name	Classifier	..	Type	Initial Value	
code	Article	...	word		
libelle	Article	...	token		
prix	Article	...	nonNegativ...		
descriptif	Article	...	string		

Figure 120 - Ordonnancement des attributs d'une entité avec Visual Paradigm

---

[54] Si l'utilisateur vient à faire une erreur lors du référencement du client (choix du client dans une liste déroulante, par exemple), il est nécessaire de supprimer la commande et d'en recréer une. Naturellement, cette suppression ne pourra se faire que si la commande n'est pas référencée à son tour par un bulletin de livraison, une facture ou autre.

[55] En l'espèce les attributs de l'entité abstraite Article.

16.2.2.1 Entité indépendante

Une contrainte d'ordonnancement peut s'appliquer à une entité indépendante pour que l'ensemble de ses éléments soit présenté en respectant un ordre préétabli.

 Les mois doivent être affichés ou traités en respectant l'ordre usuel allant de Janvier à Décembre.

Figure 121 - Contrainte {ordered} appliquée à une entité indépendante

16.2.2.2 Entité dépendante

Une contrainte d'ordonnancement appliquée à une entité dépendante permet de présenter les parties de l'entité ou des entités parents en respectant un ordre préétabli.

Figure 122 - Contrainte {ordered} appliquée à une entité dépendante

 Les livres sont composés de chapitres qui leurs sont propres. Les chapitres d'un livre doivent être ordonnés ; cet ordonnancement est spécifié par la contrainte **{ordered}**.

16.2.2.3 Extrémité d'association

Une contrainte d'ordonnancement ou **{ordered}** peut s'appliquer à une extrémité d'association de multiplicité maximale n ou *. Si l'association est identifiante de composition, la contrainte doit se mettre au niveau de l'entité dépendante.

Une contrainte d'ordonnancement spécifie que les occurrences d'entités de l'extrémité ordonnée doivent respecter un ordre préétabli lorsqu'ils sont accédés, par l'association, depuis une occurrence d'entité de l'extrémité opposée.

Figure 123 - Contrainte {ordered} sur la multiplicité n d'une association

 Les modules peuvent servir de base pour plusieurs formations. Chaque formation est constituée de plusieurs modules qui doivent être dispensés dans un ordre bien précis.

16.2.2.4 Entité associative

Une contrainte d'ordonnancement n'a pas de sens pour une entité associative qui est un produit cartésien.

En effet les occurrences d'entités associatives ne sont :
- ni les éléments d'un ensemble qui ont une existence propre comme pour une entité indépendante;
- ni les éléments d'un ensemble formant les parties d'une ou plusieurs entités parents.

Chaque élément ou couple du produit cartésien est obligatoirement unique et ordonnancer n'a de sens que s'il s'agit de manipuler un ensemble comptant potentiellement plus d'un élément.

16.2.2.5 Entité dépendante n:n

Une contrainte d'ordonnancement peut être appliquée à une entité dépendante n:n tout comme pour une entité dépendante.

16.2.3 Contrainte de suppression en cascade {deletecascade}

Une contrainte de suppression en cascade ou **{deletecascade}** s'applique à une association identifiante de composition et en aucun cas à d'autres associations. Elle spécifie que toutes les occurrences d'enfants seront supprimées lors de la suppression de l'occurrence parent qui les identifie.

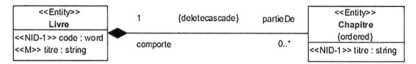

Figure 124 - Contrainte {deleteCascade}

 La suppression d'un livre entraine automatiquement la suppression de tous les chapitres qui le composent.

 Par défaut, c'est-à-dire en l'absence de la contrainte **{deletecascade}**, le système doit interdire la suppression d'un parent qui créerait des enfants orphelins.

 En toute situation la suppression d'une entité dépendante ou autre n'est possible que si celle-ci n'est pas référencée à son tour.

16.2.4 Contraintes {oriented} et {nonoriented}

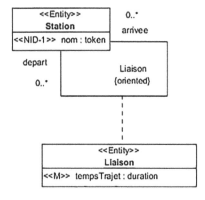

Les contraintes de graphe orienté **{oriented}** et de graphe non orienté **{nonoriented}** sont décrites au chapitre 13.3.

La contrainte **{oriented}** s'applique aussi à une liste [Chapitre 13.5] et **{nonoriented}** à un couple [Chapitre 13.6].

Figure 125 – Contrainte de graphe orienté

16.3   Contraintes sous forme d'opération UML

Il est souvent nécessaire de pouvoir exprimer une contrainte entre associations mais exprimer une contrainte entre associations avec la notation UML est relativement malaisé. Par ailleurs, une contrainte devrait pouvoir s'exprimer entre associations, entre attributs ou entre attributs et associations, ce que la notation UML ne permet pas.

Pour résoudre cette double problématique, nous nous appuierons sur la notion d'opération UML. Pour ce faire, nous avons défini un jeu d'opérations représentant les contraintes entre associations et/ou attributs courantes.

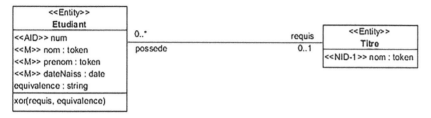

Figure 126 - Contrainte sous forme d'opération UML

 Pour être admis, un étudiant doit obligatoirement posséder le titre requis ou avoir fourni une équivalence. Cette règle métier est une contrainte de ou exclusif ; elle est spécifiée par l'opération **xor**(requis, équivalence).

Comme les attributs qualifient l'entité qui les contient, les opérations étendent les spécifications de l'entité qui les contient. Les opérations peuvent recevoir des paramètres en entrée. Chaque paramètre est soit :
-    un attribut de l'entité ;
-    un rôle opposé d'association attachée à l'entité ; ce rôle permet d'accéder à une autre entité ou à la même entité (avec un rôle différent) dans le cas d'association réflexive.

16.3.1 Fonctions logiques de l'algèbre de Boole

Nous avons défini un jeu d'opérations logiques qui permettent de représenter les fonctions logiques de l'algèbre de Boole. Les opérations logiques nécessitent deux paramètres en entrée qui représentent les variables ou opérandes de la fonction logique.

Les variables ou opérandes des fonctions logiques sont évaluées dans la seule perspective d'existence d'une ou plusieurs valeurs :

- la variable donnera la valeur logique **True** si elle contient une ou plusieurs valeurs ;
- la variable donnera la valeur logique **False** si elle ne contient aucune valeur.

Les opérations logiques rendent un résultat **True** ou **False** représenté par le type booléen ; pour simplifier la lecture des modèles, nous n'indiquons pas le type de retour qui est donc booléen implicitement.

Les variables ou opérandes des fonctions logiques sont fournies par :

- ① Le rôle opposé d'une association.

    Il représente l'existence d'occurrence(s) d'association.

    La cardinalité minimale adossée au rôle doit être obligatoirement de 0 ; sinon, il n'est pas possible d'avoir une valeur **False**.

    La cardinalité maximale adossée au rôle peut être de 1 ou plusieurs ; le seul fait de détecter la présence d'une occurrence d'association permettra d'avoir une valeur **True**.

- Un attribut.

    L'attribut doit être optionnel; sinon, il n'est pas possible d'avoir une valeur **False**.

    L'attribut peut être multivalué, stéréotype «L» ; le seul fait de détecter la présence d'une occurrence d'attribut permettra d'avoir une valeur **True**.

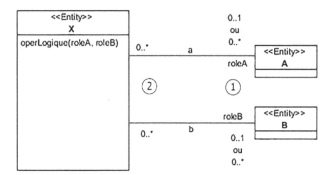

Figure 127 - Opération UML pour représenter une fonction logique

Les fonctions logiques de l'algèbre de Boole peuvent être :

- commutatives, les deux variables ou opérandes peuvent être permutées ;
- non commutatives, les deux variables ou opérandes ne peuvent pas être permutées. Dans ce cas, le respect de la position de chacun des deux paramètres est impératif.

 ② Les cardinalités adossées à l'entité qui portent l'opération logique n'ont aucune importance et n'interviennent pas dans l'évaluation de la fonction logique.

16.3.1.1 Fonction logique "ou" ou or

La fonction logique **or** est vraie si au moins une des deux opérandes est vraie.

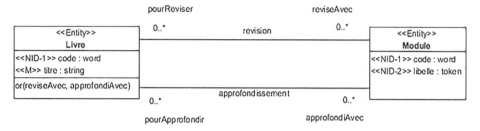

Figure 128 - Contrainte "ou"

 Un livre ne peut exister (créé au sein du SI) que s'il est utilisé pour la révision et/ou l'approfondissement d'au moins un module de formation.

Table de vérité de la fonction logique "ou" ou or		
revision **reviseAvec**	**approfondissement** **approfondiAvec**	**or**
False	False	False
False	True	True
True	False	True
True	True	True

16.3.1.2   Fonction logique "ou exclusif" ou xor

La fonction logique **xor** est vraie si une, mais une seule, des deux opérandes est vraie.

<<Entity>> **Client**		<<Entity>> **Pays**
<<AID>> num	0..* accueille	<<NID-1>> nom : token
<<M>> nom : token	habite 0..1	<<NID-2>> code : word
<<M>> prenom : token		nbHabitants : positiveInteger
<<U-1>> telMobile : word		superficie : positiveInteger
<<U-2>> eMail : email		
<<M>> rueNo : string		<<Entity>> **Canton**
<<M>> npa : word	0..* accueille	<<NID-1>> nom : token
<<M>> localite : token	habite 0..1	<<NID-2>> code : word
remarque : string		
xor(accueille.Pays, accueille.Canton)		

Figure 129 - Contrainte "ou exclusif"

Un client habite une localité sise dans un canton de Suisse ou dans un pays étranger.
Comme le rôle accueille est adossé à deux entités différentes, nous rajoutons le nom de l'entité précise que doit atteindre chaque paramètre.

Table de vérité de la fonction logique "ou exclusif" ou xor		
accueille.Pays	**accueille.Canton**	**xor**
False	False	False
False	True	True
True	False	True
True	True	False

16.3.1.3 Fonction logique "non et" ou nand

La fonction logique **nand** est vraie si les deux opérandes ne sont pas vraies simultanément.

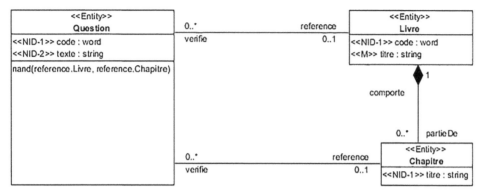

Figure 130 - Contrainte "non et"

 Une question peut référer un livre ou le chapitre d'un livre mais pas les deux simultanément.
Comme le rôle reference est adossé à deux entités différentes, nous rajoutons le nom de l'entité précise que doit atteindre chaque paramètre.

Table de vérité de la fonction logique "non et" ou nand		
reference.Livre	reference.Chapitre	nand
False	False	True
False	True	True
True	False	True
True	True	False

16.3.1.4   Fonction logique "et" ou and

La fonction logique **and** est vraie si les deux opérandes sont vraies simultanément.

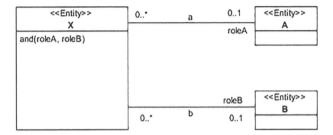

Figure 131 - Contrainte "et"

Table de vérité de la fonction logique "et" ou and		
roleA	**roleB**	**and**
False	False	False
False	True	False
True	False	False
True	True	True

La contrainte "et" entre associations et/ou attributs peut être directement spécifiée en rendant la ou les associations obligatoires, cardinalité minimale à 1, ou en rendant le ou les attributs obligatoires, stéréotype **«M»**.

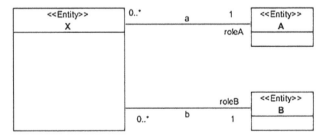

Figure 132 - Contrainte "et" figée

La contrainte "et" est pertinente si nous souhaitons que le modèle puisse évoluer, par exemple qu'elle devienne une contrainte "ou".

16.3.1.5 Fonction logique "équivalence" ou eqv

La fonction logique **eqv** est vraie si les deux opérandes sont simultanément vraies ou fausses.
La fonction équivalence correspond à la négation de la fonction **xor** soit **nxor** en algèbre de Boole.
L'équivalence logique peut aussi être spécifiée par le symbole mathématique ⇔.

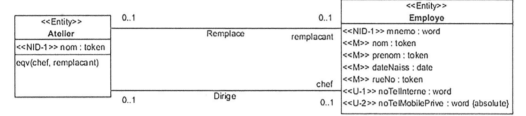

Figure 133 - Contrainte "équivalence"

 Un atelier peut être dirigé par un employé ; si un employé est désigné comme chef d'atelier alors un employé[56] doit être désigné comme remplaçant.

Table de vérité de la fonction logique "équivalence" ou eqv		
chef	**remplacant**	**eqv**
False	False	True
False	True	False
True	False	False
True	True	True

---

[56] En fait, nous aurions dû écrire "un autre employé doit être désigné comme remplaçant" mais nous ne l'avons pas fait car le terme "autre" est l'objet d'une contrainte supplémentaire de disjonction [Chapitre 16.4.1].

16.3.1.6   Fonction logique "non ou" ou nor

La fonction logique **nor** est vraie si les deux opérandes sont fausses simultanément.

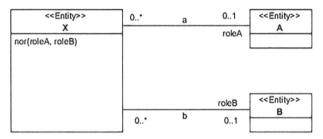

Figure 134 - Contrainte "non ou"

Table de vérité de la fonction logique "non ou"		
roleA	**roleB**	**nor**
False	False	True
False	True	False
True	False	False
True	True	False

La contrainte "nor" entre associations et/ou attributs peut être directement spécifiée en supprimant la ou les associations respectivement le ou les attributs.

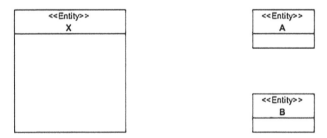

Figure 135 - Contrainte "nor" figée

La contrainte "nor" est pertinente si nous souhaitons que le modèle puisse évoluer, par exemple qu'elle devienne une contrainte "ou".

16.3.1.7 Fonction logique non commutative "implication" ou imp

La fonction logique **imp** est vraie si l'opérande impliquée est vraie lorsque l'opérande impliquant est vraie. L'implication logique peut aussi être spécifiée par le symbole mathématique $\Rightarrow$.

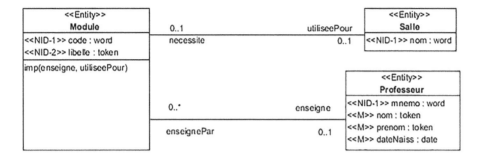

Figure 136 - Contrainte "implication"

 Une salle doit être attribuée à un module lorsque le professeur chargé de l'enseignement est défini.

Table de vérité de la fonction logique "implication" ou imp		
enseigne	utiliseePour	enseigne $\Rightarrow$ utiliseePour
False	False	True
False	True	True
True	False	False
True	True	True

 L'implication est une fonction logique non commutative.
Le 1er argument de l'opération imp() est la source de la contrainte (opérande impliquant) et le 2nd la cible (opérande impliquée).

16.3.1.8 Fonction logique non commutative "inhibition" ou inh

La fonction logique **inh** est vraie si l'opérande inhibant est vraie et l'opérande inhibée est fausse.

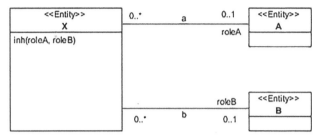

Figure 137 - Contrainte "inhibition"

Table de vérité de la fonction logique "inhibition" ou inh		
roleA	roleB	roleA inh roleB
False	False	False
False	True	False
True	False	True
True	True	False

La contrainte "inh" entre associations et/ou attributs peut être directement spécifiée en rendant obligatoire l'association ou l'attribut inhibant et en supprimant l'association ou l'attribut inhibé.

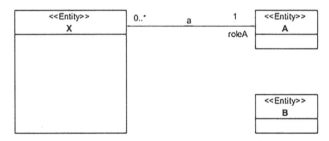

Figure 138 - Contrainte "inhibition" figée

La contrainte "inh" est pertinente si nous souhaitons que le modèle puisse évoluer, par exemple qu'elle devienne une contrainte "ou".

 L'inhibition est une fonction logique non commutative.
Le 1er argument de l'opération inh() est la source de la contrainte (opérande inhibant) et le 2ème la cible (opérande inhibée).

16.3.1.9   Synthèse des fonctions logiques

Opérande		Contrainte							
		commutative						non commutative	
a	b	or	xor	nand	and	xnor ⇔	nor	a imp b a ⇒ b	a inh b
		or (a,b)	xor (a,b)	nand (a,b)	and (a,b)	xnor (a,b)	nor (a,b)	imp (a,b)	inh (a,b)
False	False	False	False	True	False	True	True	True	False
False	True	True	True	True	False	False	False	True	False
True	False	True	True	True	False	False	False	False	True
True	True	True	False	False	True	True	False	True	False

16.4   Contraintes ensemblistes entre deux associations

Nous pouvons utiliser le symbolisme natif du langage UML pour spécifier des contraintes ensemblistes entre deux associations. Les contraintes ensemblistes fixent les modalités d'instanciation des différentes occurrences de deux associations **entre entités identiques.**

Nous utiliserons la relation de contrainte UML pour représenter les contraintes ensemblistes commutatives.

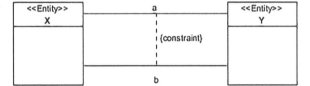

Figure 139 - Relation de contrainte UML

Nous utiliserons la relation de dépendance UML pour représenter les contraintes ensemblistes non commutatives.

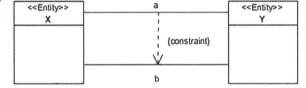

Figure 140 - Relation de dépendance UML

16.4.1   Contrainte commutative de disjonction {disjoint}

La contrainte de disjonction assure que la ou les occurrences des deux associations forment deux sous-ensembles disjoints : **chaque occurrence d'association d'une des associations ne peut exister dans l'autre**.

 Les cardinalités des 2 associations n'ont pas d'effet sur la contrainte.

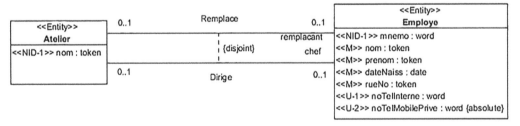

Figure 141 - Contrainte de disjonction

 Le chef d'atelier et son remplaçant sont deux employés distincts.

16.4.2 Contrainte non commutative d'inclusion {subset}

La contrainte d'inclusion assure que la ou les occurrences d'une association source sont inclues dans les occurrences d'une autre association cible.

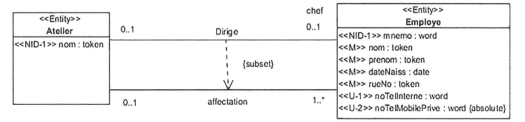

Figure 142- Contrainte d'inclusion

 Le chef d'atelier doit être affecté à l'atelier qu'il dirige.

La contrainte d'inclusion implique que les cardinalités maximales de l'association inclue soient <= aux cardinalités maximales de l'association contenante, soit en regard de la Figure 143 :
- XCmax de a <= XCmax de b ;
- YCmax de a <= YCmax de b.

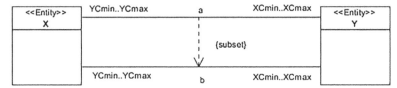

Figure 143 - Contrainte d'inclusion, restriction des cardinalités

16.5   Contraintes sous forme d'invariant OCL

Lorsqu'une contrainte ne peut être spécifiée par la notation étudiée jusqu'ici, il y a lieu de recourir à une description de sa réalisation.

Pour ce faire, UML nous offre deux mécanismes que nous allons mettre en œuvre :
- Des notes, dans lesquelles il est possible de décrire des contraintes.
- Un langage de description de contraintes : OCL – Object Constraint Language.

Les contraintes sont décrites sous forme d'invariants OCL [Chapitre 17.1] au sein de notes.

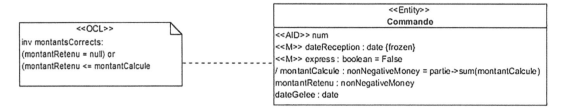

Figure 144 - Exemple d'invariant OCL sous forme de note

 Si le montant retenu est saisi alors il ne peut pas être supérieur au montant calculé.

Nous invitons le lecteur à lire le chapitre 17 pour acquérir les connaissances de bases d'OCL. Nous illustrerons la découverte du langage OCL par la mise en place de quelques contraintes.

Dans la partie complémentaire, au chapitre 30, nous mettrons à profit notre connaissance d'OCL pour enrichir nos modèles conceptuels de contraintes qui n'ont pas de forme universelle et doivent donc être décrites au cas par cas.

16.6   *Cumul de contraintes*

Naturellement, les différentes contraintes peuvent être cumulées.

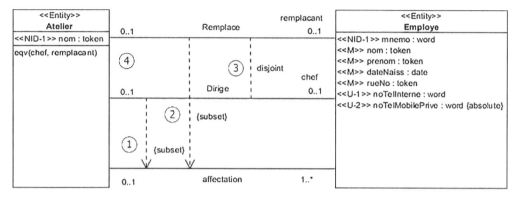

Figure 145 - Cumul de contraintes diverses

 ① Le chef d'un atelier doit être un collaborateur employé par l'atelier.
② Le remplaçant du chef d'un atelier doit être un collaborateur employé par l'atelier.
③ Le chef et le remplaçant du chef doivent être 2 collaborateurs distincts.
④ Si l'atelier est doté d'un chef alors il est aussi doté d'un remplaçant ; le remplaçant ne peut exister s'il n'y a pas de chef.

17 Le langage de contraintes OCL

OCL-Object Constraint Language est un langage formel de contraintes défini par l'OMG[57] en complément à UML.

Le langage OCL a comme objectif de permettre au modélisateur de rendre les modèles UML plus riches en ajoutant des spécifications que la sémantique des seuls modèles ne permet pas.
OCL ne permet pas de modifier l'état des occurrences d'entités et d'associations du modèle. OCL est garanti "sans effet de bord".

Dans ce document, nous nous contenterons d'étudier OCL dans la perspective de la modélisation de contraintes au sein de modèles conceptuels de données. Nous nous limiterons aux aspects les plus importants dans le cadre de ce livre et, pour le surplus, prions le lecteur de se référer aux spécifications de l'OMG[58].

17.1 *Invariant*

Un invariant est une expression OCL qui doit être vraie quel que soit l'état des occurrences d'entités et d'associations du modèle.

La syntaxe basique de création d'un invariant est de la forme :

context TypeName
inv simpleName:
expressionOCL

- **context** est un mot réservé
- TypeName est l'élément de modélisation (contexte) sur lequel s'applique l'invariant
- **inv** est le mot réservé pour un invariant
- simpleName est un nom optionnel[59] qui peut être donné à la contrainte d'invariance
- expressionOCL est le corps de la contrainte d'invariance qui doit être toujours vraie.

Quelques règles de mise en œuvre d'invariants, à partir des outils de modélisation graphiques UML :
- Les invariants sont posés dans des notes.
- La note est stéréotypée «OCL».
- Si la note est rattachée à un élément de modélisation, le contexte de la contrainte est implicitement le-dit élément de modélisation et peut donc être omis.

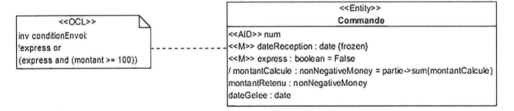

Figure 146 - Représentation graphique d'un invariant sous forme de note OCL

 Seules les commandes d'un montant supérieur à 100.- peuvent être livrées par courrier express.

---

[57] OMG - Object Mangement Group, http://www.omg.org/
[58] OMG - Spécifications OCL 2.3.1
Norme ISO 19507 - avril 2012, http://www.omg.org/spec/OCL/ISO/19507/PDF
[59] Nous avons choisi de donner un nom à tout invariant.

17.2   Contexte

Souvent, le contexte d'application d'une expression OCL est implicite, ce peut être par l'ancrage de la note «OCL» à un objet de modélisation ou par l'écriture de l'expression OCL directement au sein de l'élément auquel elle s'applique. Toutefois, lorsque cela n'est pas possible ou souhaitable, il est tout à fait possible de mettre les contraintes OCL au sein de notes flottantes et de définir explicitement le contexte comme illustré dans la Figure 147.

<<OCL>>
context Commande
inv montantsCorrects:
(montantRetenu = null) or
(montantRetenu <= montantCalcule

<<Entity>>
Commande
<<AID>> num
<<M>> dateReception : date {frozen}
<<M>> express : boolean = False
/ montantCalcule : nonNegativeMoney = partie->sum(montantCalcule)
montantRetenu : nonNegativeMoney
dateGelee : date

Figure 147 - Déclaration explicite du contexte

17.3   Adressage explicite - self

Implicitement, toute expression OCL s'applique à l'élément de modélisation contextuel. Toutefois, il est possible de le spécifier expressément en recourant au mot-clé **self**.

Par rapport au modèle de la Figure 147, montantRetenu est équivalent à **self**.montantRetenu.

17.4   Valeur initiale d'attribut

Une valeur initiale d'attribut est définie par une expression OCL.
La syntaxe OCL d'affectation de valeur initiale à un attribut est de la forme:

context	-	**context** est un mot réservé
TypeName::attributeName Type	-	TypeName est l'élément de modélisation (contexte) sur lequel
init:		s'applique la valeur par défaut
expressionOCL	-	attributeName est le nom de l'attribut à traiter
	-	Type est le type de données de l'attribut traité
	-	**init** est le mot réservé pour une initialisation
	-	expressionOCL est le code d'initialisation

Pour rappel, en UML l'affectation d'une valeur par défaut se fait par le signe = directement derrière la définition du type de l'attribut.

<<Entity>>
Commande
<<AID>> num
<<M>> dateReception : date {frozen}
<<M>> express : boolean = False

Figure 148 - Représentation graphique d'une valeur initiale d'attribut

 La valeur scalaire **False** est l'expression OCL de la valeur par défaut de l'attribut express de type boolean.

17.5 Attribut dérivé

Un attribut dérivé est défini par une expression OCL.

> Un attribut dérivé est un attribut dont la **valeur est calculée automatiquement chaque fois** qu'il est invoqué [Chapitre 4.6].

La syntaxe basique d'affectation de valeur dérivée à un attribut est de la forme :

context TypeName::attributeName Type
derive:
expressionOCL

- **context** est un mot réservé
- TypeName est l'élément de modélisation (contexte) sur lequel s'applique la dérivation
- attributeName est le nom de l'attribut à traiter
- Type est le type de données de l'attribut traité
- **derive** est le mot réservé pour une dérivation
- expressionOCL est le code de dérivation.

Pour rappel, en UML un attribut dérivé est noté avec la barre de division / devant son nom.

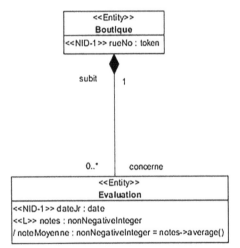

Figure 149 – Représentation graphique d'un attribut dérivé

 L'expression OCL notes->average() va rendre la moyenne de la collection de notes.

17.6 Navigation

Le symbole d'indirection, le point, sert d'opérateur de navigation. La navigation s'entend :

1. d'une entité vers un attribut ;
2. d'une entité vers une extrémité opposée d'association ;
3. d'une entité vers une entité associative ;
4. d'une entité vers une entité associative par une association réflexive ;
5. d'une association vers une extrémité.

 Pour ce chapitre, nous créons une entité Produit sans rapport avec l'entité Article du cas pratique [Chapitre 20.4].

17.6.1 Navigation d'une entité vers un attribut

Un attribut est accessible directement par son nom.

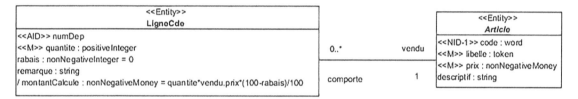

Figure 150 – Navigation vers un attribut et une extrémité d'association opposée

 quantite est accessible depuis LigneCde directement par son nom ou en le préfixant **self**.

17.6.2 Navigation d'une entité vers une extrémité opposée d'association

Une extrémité d'association est accessible par le nom du rôle de l'entité opposée.

 Dans la Figure 150, vendu permet d'accéder à l'entité Article puis au prix de l'article par .prix .

17.6.3 Navigation d'une entité vers une entité associative

Une entité associative est accessible par son nom.

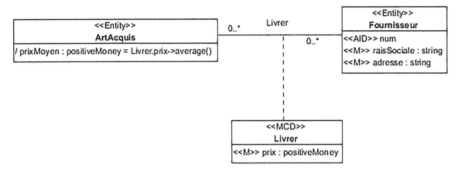

Figure 151 - Navigation vers une entité associative

 On accède à l'entité Livrer par son nom puis à l'ensemble des prix par .prix .
A cet ensemble de prix nous appliquons la méthode de calcul **average()** pour obtenir le prix fournisseur moyen d'un article acquis.

17.6.4 Navigation d'une entité vers une entité associative par une association réflexive

Une entité associative est accessible par son nom et, si l'association est orientée, par l'indication du rôle de départ de la navigation.

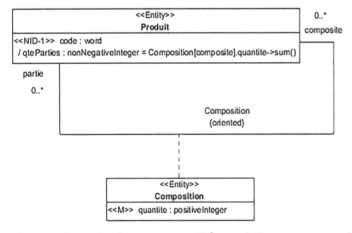

Figure 152 - Navigation vers une entité associative par une association réflexive

 L'on accède à l'entité Composition par son nom et [composite] fixe le rôle de départ puis à l'ensemble des quantités de chaque composition par .quantite.
A cet ensemble de quantite nous appliquons la méthode de calcul sum() pour obtenir la quantité totale de produits requis pour constituer un article composite.

17.6.5　Navigation d'une association vers une extrémité

Les entités aux extrémités d'une association sont accessibles par les noms de rôles.

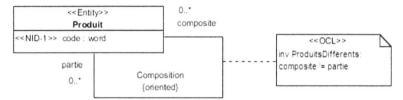

Figure 153 - Navigation d'une association vers une extrémité

composite permet d'accéder à une entité produit.
composition permet aussi d'accéder à une entité produit.
Nous vérifions que les deux produits accédés par les deux rôles soient bien différents[60].

17.7　*Navigation et cardinalités maximales*

Lors de la navigation vers une extrémité d'association, le résultat obtenu sera potentiellement :
- Une occurrence de l'entité adossée à l'extrémité lorsque la cardinalité maximale est à 1.
- Une collection d'occurrences de l'entité adossée à l'extrémité lorsque la cardinalité maximale est à n.

Lorsque la cardinalité maximale est à 1, OCL permet de spécifier le résultat en tant que :
- Occurrence d'entité ou attribut en utilisant l'opérateur ".".
- Collection composée d'une seule occurrence ou d'un seul attribut en utilisant l'opérateur "->".
  L'opérateur -> est toujours suivi d'une opération applicable à une collection.

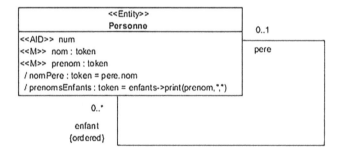

Figure 154 - Exemple d'opérateur "." ou "->"

Une personne a un seul père (pere.).
Une personne peut être père de plusieurs enfants (enfants->).
La méthode print() va imprimer les prénoms de l'ensemble des enfants séparés par une virgule. Lla méthode print() nous est propre.

---

[60] Un même article ne peut être partie et composite.

17.8   Collections

17.8.1   Concept

Une collection est un ensemble d'éléments de même nature.
Un ensemble peut être créé par une expression OCL ou provenir de la navigation.

Set {8, 5, 6, 10}	Ensemble créé par une expression OCL.
context Usine **self**.collabore	Ensemble des employés de l'usine contextuelle de la Figure 155.

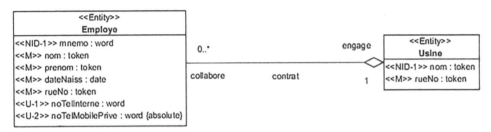

Figure 155 – Collection des employés

Il existe 4 types de collections :
- **Set**; un ensemble d'éléments uniques, {8 ,5 ,6 ,10}.
- **OrderedSet**; un ensemble d'éléments uniques ordonnés, {5 ,6 ,8 ,10}.
- **Bag**; un ensemble d'éléments qui peuvent être répétés, {8 ,5 ,8 ,8 ,6 ,5 ,10}.
- **Sequence**; un ensemble d'éléments ordonnés qui peuvent être répétés, {5 ,5 ,6 ,8 ,8 ,8 ,10}.

17.8.2   Opérations de collections

17.8.2.1   select() et reject()

Les opérations select (boolean-expression) et reject (boolean-expression) permettent de retourner un sous-ensemble d'une collection initiale.

Les exemples ci-dessous s'appliquent à la Figure 155 :

context Usine **self**.collabore->**select** (dateNaiss >= 1.1.1990)	Sélectionne les employés nés en 1990 ou après
context Usine **self**.collabore->**reject** (dateNaiss >= 1.1.1990)	Rejette les employés nés en 1990 ou après

17.8.2.2   collect()

L'opération collect (expression) permet de créer une collection à partir d'un ou plusieurs ensembles.

Les exemples ci-dessous s'appliquent à la Figure 155 :

context Usine **self**.collabore ->**collect** (dateNaiss)	Rend une collection, de type Bag, constituée de l'ensemble des dates de naissances de chaque employé.

L'opération collect() est particulièrement intéressante lorsqu'elle est couplée à des opérations ensembliste. Dans l'exemple ci-dessous, l'opération asSet() rend un ensemble de noms uniques.

context Usine
self.collabore ->**collect** (nom)->asSet()

Toutefois, dans un souci de concision, l'appel à la fonction collect() peut être occultée comme ci-dessous:

context Usine
self.collabore.dateNaiss

17.8.2.3   exists()

L'opération exists(boolean-expression) rend vrai si la collection contient au moins un élément satisfaisant la condition booléenne passée en paramètre.

17.8.2.4   Autres opérations

Nous avons présenté quelques opérations significatives. La liste complète est consultable dans [OMG-2] au chapitre 11 - OCL Standard Library. De plus, cette liste fixe aussi le type de collection auquel est applicable chaque opération.

A titre d'exemple, nous trouvons :

isEmpty() ou empty()	La collection est vide
notEmpty ()	La collection n'est pas vide
size()	Le nombre d'éléments dans la collection
one()	La collection contient exactement un élément
sum()	Somme des valeurs numériques de la collection

18 Règles de nommage

Usuellement et dans la perspective de génération automatique de code, les noms (entités, attributs, rôles, associations...) sont formés à partir :
- de lettres minuscules sans accents;
- de lettres majuscules sans accents;
- de chiffres.

Les noms ne doivent pas commencer par un chiffre.

Le caractère de soulignement peut être utilisé comme séparateur entre éléments constitutifs d'un nom.

18.1 Noms prédéfinis

Nous vous proposons ci-dessous les noms que nous utilisons couramment :

Attribut		
Identifiant technique		
	Entité indépendante	Num, num, Numero ou numero
	Entité dépendante	NumDep, numdep, NumeroDep ou numerodep

18.2 Conventions pour ce livre

Entité	1ère lettre de chaque mot en majuscule Autres lettres en minuscule	
Attribut Association Rôle	1ère lettre du 1er mot en minuscule 1ère lettre des autres mots en majuscule Autres lettres en minuscule	

18.3 Association binaire

Toute association binaire doit être nommée par un des trois mécanismes ci-dessous :
- Un nom pour l'association.
- Un nom pour chacun des deux rôles de l'association.
- Le nom de l'entité associative ou pseudo associative à laquelle est éventuellement adossée l'association.

Le cumul de 2 ou des 3 mécanismes est possible.
Si une entité associative ou pseudo associative est adossée à l'association et que l'association porte un nom, alors le nom de l'association doit être identique au nom de l'entité adossée.

19   Synthèse des éléments du profil UML

UML et la notion de profil UML ont été succinctement présentés au chapitre 2.1.4.
Dans cette synthèse du profil UML, nous avons ajouté un chapitre relatif aux opérations UML que nous avons définies au chapitre 16.3.

19.1   Synthèse des stéréotypes

Stéréotype	Applicable	Commentaire
«AID»	Attribut	Attribut constitutif de l'identifiant artificiel [Chapitre 5.2.2 & 11.2.1] Artificial IDentifier
«CID»	Association	Association identifiante de composition [Chapitre 9.2] Composition IDentifier
«CP»	Association	Simulation de produit cartésien [Chapitre 14.3] Cartesian Product
«Entity»	Classe/Entité	Classe UML considérée comme une entité de modèle conceptuel de données
«L»	Attribut	Attribut multivalué [Chapitre 4.5] List
«M»	Attribut	Attribut obligatoire [Chapitre 3.4] Mandatory
«NID»	Association	Association identifiante naturelle [Chapitre 9.1] Natural IDentifier
«NID-i»	Attribut	Attribut constitutif de l'identifiant naturel i en conjonction avec les associations identifiantes (naturelles ou de composition) [Chapitre 5.2.1] Natural Identifier
«O»	Attribut	Attribut optionnel au sein d'identifiants(s) naturel(s) constitué(s) de plusieurs attributs [Chapitre 5.2.1] Optionnal
«U-i»	Attribut	Attribut constitutif de la contrainte d'unicité i [Chapitre 5.6 & 9.3] Unique

19.2   *Synthèse des contraintes*

Contrainte	Applicable	Commentaire
{absolute}	Attribut	Unicité absolue [Chapitre 9.3]
{deletecascade}	Association	Suppression en cascade des entités dépendantes [Chapitre 16.2.3]
{disjoint}	Entre 2 associations	Occurrences d'associations disjointes [Chapitre 16.4.1
{frozen}	Attribut	Interdiction de modification de valeur [Chapitre 16.2.1]
	Association	
{nonoriented}	Graphe non orienté	Marquage du caractère non orienté d'un graphe [Chapitre 13.3.2]
	Couple	Marquage du caractère non orienté d'un couple [Chapitre 13.6]
{ordered}	Entité	Ordonnancement des occurrences [Chapitre 16.2.2]
	Attribut multivalué	
	Extrémité d'association	
{oriented}	Graphe orienté	Marquage du caractère orienté d'un graphe [Chapitre 13.3.3]
	Liste	Marquage du caractère orienté d'une liste [Chapitre 13.5]
{subset}	Entre 2 associations	Occurrences d'associations inclues [Chapitre 16.4.2]

19.3 Synthèse des opérations UML

Opération	Commentaire	
and(op1, op2)	et	
eqv(op1, op2)	équivalence	
imp(op1, op2)	implication	
inh(op1, op2)	inhibition	non commutative
nand(op1, op2)	non et	non commutative
nor(op1, op2)	non ou	
or(op1, op2)	ou	
xor(op1, op2)	ou exclusif	

20   Modèle d'illustration

20.1   Articles

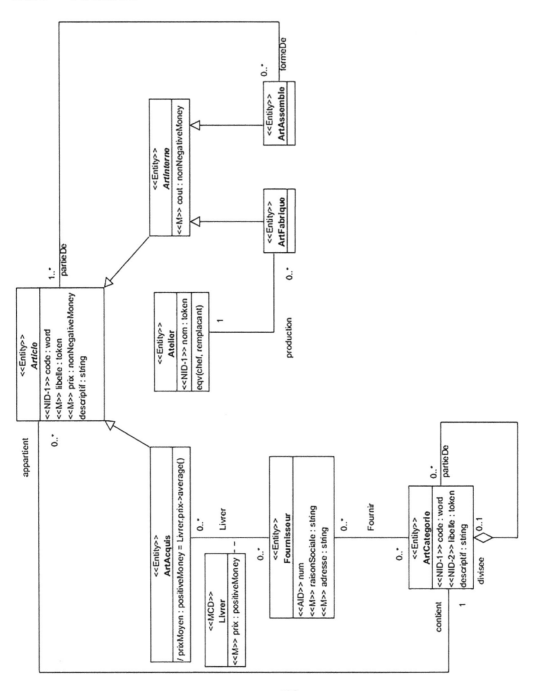

20.2   Employés

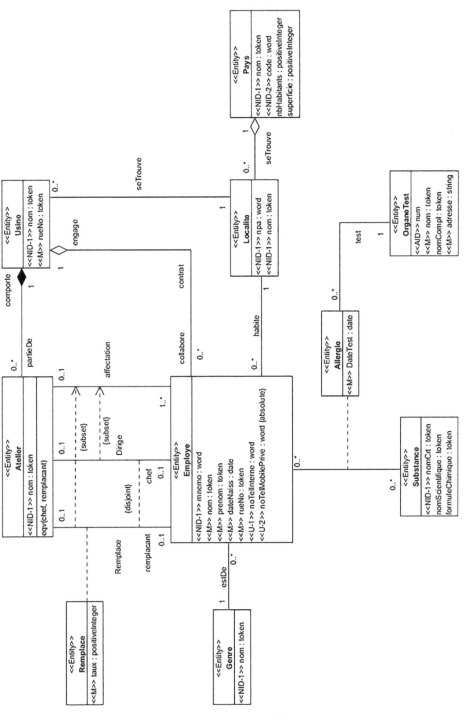

20.3 Vente

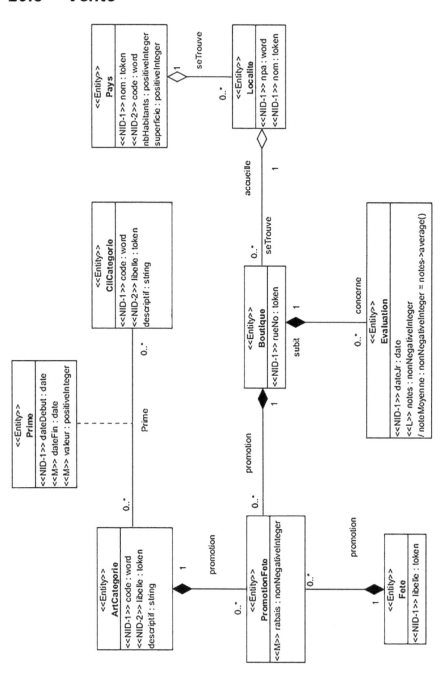

20.4 Commandes

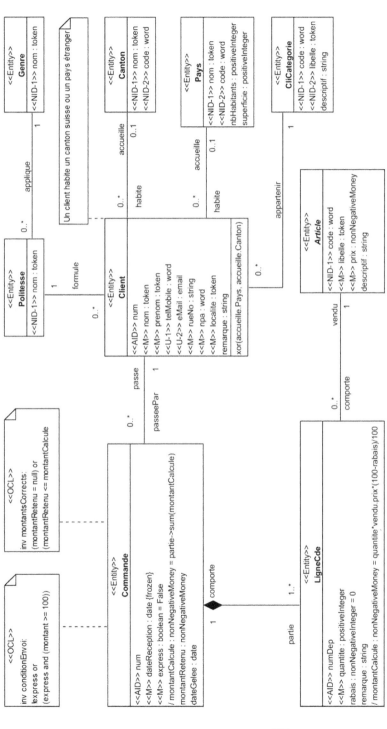

Dans un souci de simplification, j'ai modélisé :

- une entité **Client** tout en sachant que dans un système plus large, il y aurait lieu de modéliser une entité **Acteur** ou **Intervenant** qui peut représenter des personnes morales ou physiques. Plus tard, un acteur ou un intervenant devient un client ou joue le rôle de client s'il passe une commande. Un acteur ou un intervenant peut aussi devenir fournisseur ou jouer le rôle de fournisseur s'il reçoit une commande.

- une entité **Commande** tout en sachant que dans un système plus large, il y aurait une ambiguïté entre une commande de client et une commande à un fournisseur. Pour résoudre cette ambiguïté, il serait judicieux de préfixer **Cli** les commandes de clients soit **CliCommande** et **Four** les commandes aux fournisseurs soit **FourCommande**.

Compléments

21   Domaine personnalisé

Un domaine personnalisé est une spécialisation d'un type de données d'attribut que nous avons étudié au chapitre 4.1. Un domaine est spécifié en tant que classe UML stéréotypée **«domain»**. Le modélisateur peut créer des domaines à sa guise.

Nous avons retenu 4 familles de domaines identifées par une valeur marquée **mecanisme**. Les 2 extraits de modèle qui suivent illustrent la mise en œuvre des 4 mécanismes de spécification de domaine :

- Le mécanisme de sous-type ; le domaine **nomUID**, ① de la Figure 156, spécialise le type **word** et limite sa taille à 10 caractères.
- Le mécanisme d'expression régulière ; le domaine **codePostalCH**, ② de la Figure 156, spécialise le type **token** et n'autorise que des valeurs comprises entre "1000" et "9999".
- Le mécanisme d'énumération ; le domaine **noteModule,** ③ de la Figure 157, spécialise le type **token** et limite les valeurs possibles à l'énumération référée.
- Le mécanisme d'expression booléenne ; le domaine **noteUnite,** ④ de la Figure 157, spécialise le type **positiveDecimal** et limite les valeurs possibles entre 1 et 6.

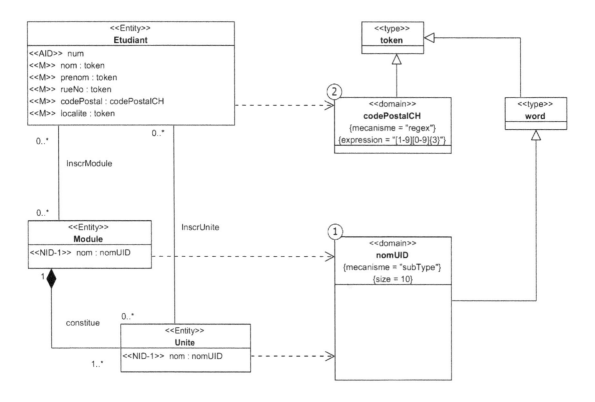

Figure 156 - Exemple de domaines sous-type et expression régulière

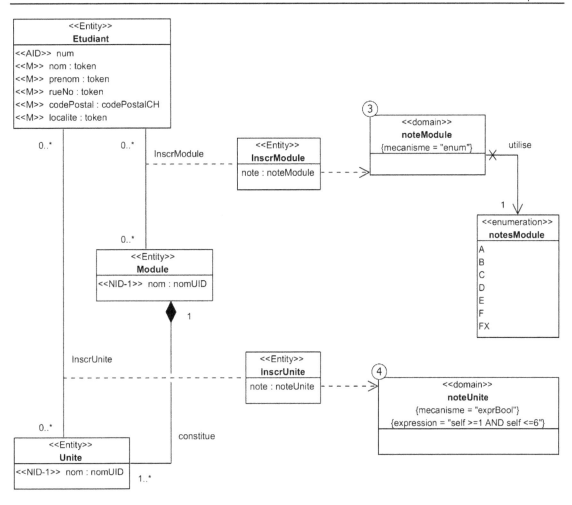

Chapitre 21

Figure 157 - Exemple de domaines énumération et expression booléenne

Chaque domaine doit être paramétré avec les modalités de réalisation du contrôle de la spécialisation du type de données :
- Pour le mécanisme **subType** ①, c'est la définition précise de la taille de l'attribut.
- Pour le mécanisme **regex** ②, c'est la définition de l'expression régulière qui servira à vérifier la concordance des données au motif[61].
- Pour le mécanisme **enum** ③, c'est l'association avec une classe stéréotypée **«enumeration»** qui contiendra les valeurs de données acceptables.
- Pour le mécanisme **exprBool** ④, c'est un invariant OCL qui devra être vrai quelle que soit la donnée.

---

[61] Voir **Expression régulière** dans le glossaire.

22   Identification des occurrences d'entités

22.1   Multiples identifiants naturels

Une entité peut être dotée de plusieurs identifiants naturels. Chaque identifiant naturel est destiné à un groupe d'utilisateurs.

 Un pays est identifiable par tout un chacun par son nom, «NID-1» mais il peut aussi être identifié par son code, un abrégé de quelques lettres. Le code, «NID-2» n'est pas connu de tout un chacun mais, pour les utilisateurs qui le connaissent, l'accès aux données est plus rapide voire confortable.

<<Entity>>
Pays
<<NID-1>> nom : token
<<NID-2>> code : word
nbHabitants : positiveInteger
superficie : positiveInteger

Figure 158 - Multiples identifiants naturels

L'entité Pays est un ensemble qui n'est pas propre à l'univers du discours[62], elle appartient à l'environnement. Dès lors les attributs constitutifs des identifiants de l'entité Pays doivent correspondre aux us et coutumes, surtout si cette entité doit être référencée par des utilisateurs externes à l'entreprise, des internautes ou autres utilisateurs de services.

Les noms de pays, spécifiques à une langue, et les abrégés sont normalisés par l'ISO ; il s'agit de la norme ISO-3166-1.

Ci-contre, nous reproduisons les pays dont le nom français commence par la lettre A.

Nom du pays	Codet ISO 3166-1-alpha-2
A	
AFGHANISTAN	AF
AFRIQUE DU SUD	ZA
ÅLAND, ÎLES	AX
ALBANIE	AL
ALGERIE	DZ
ALLEMAGNE	DE
ANDORRE	AD
ANGOLA	AO
ANGUILLA	AI
ANTARCTIQUE	AQ
ANTIGUA ET BARBUDA	AG
ARABIE SAOUDITE	SA
ARGENTINE	AR
ARMENIE	AM
ARUBA	AW
AUSTRALIE	AU
AUTRICHE	AT
AZERBAIDJAN	AZ

Figure 159 - Extrait des noms, en français, et codes des pays de la norme ISO 3166-1

 Nous n'avons fait qu'évoquer le problème des identifiants d'entités appartenant à l'environnement. Le modélisateur se référera aux normes ISO pour modéliser au plus juste les attributs d'entités de portée universelle.

---

[62] Système d'information à modéliser.

23 Association n:n ou simulation du produit cartésien

Une association de degré n:n pose une contrainte implicite de produit cartésien.

Dans la perspective de l'évolution du système d'information de l'entreprise, la contrainte implicite du produit cartésien peut s'avérer bloquante ; il est possible de remplacer une association de degré n:n et son éventuelle entité associative adossée par une entité dépendante et une simulation explicite de produit cartésien.

23.1 Contrainte implicite de l'association n:n

Très couramment, nous trouvons des exemples de commandes modélisées comme ci-dessous. Un tel modèle embarque une contrainte implicite d'unicité des articles au sein de chaque commande.

Une telle contrainte est pertinente si nous ne voulons pas autoriser plusieurs apparitions du même article au sein d'une commande. C'est intéressant pour optimiser un système (manuel ou automatique) de préparation des commandes : le collaborateur ou le robot ne se rendra qu'une seule fois au lieu de stockage de chaque article.

Lors de la prise de commande, si un même produit devait être rajouté à la commande, il faut modifier la quantité du produit déjà saisi.

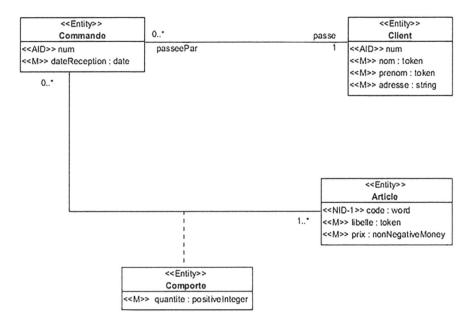

Figure 160 - Produit cartésien Commande & Article

23.2   Entité dépendante

Nous avons vu, au chapitre 23.1, qu'un produit cartésien entre une commande et un article peut être intéressant pour optimiser le traitement des commandes.
Pour la modélisation des tickets d'une caisse enregistreuse, un produit cartésien serait une erreur ; en effet, il faut qu'un article puisse être enregistré autant de fois qu'il se passe devant la caisse.

Si le même produit doit pouvoir être enregistré plusieurs fois, comme pour les tickets d'une caisse enregistreuse qui imprime les lignes au fur et à mesure de l'enregistrement d'un article, il est alors pertinent de recourir à une entité dépendante.

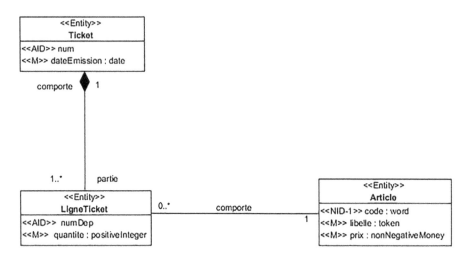

Figure 161 - Entité dépendante Ligne de ticket

En recourant à une entité dépendante, comme illustré dans la Figure 161, la contrainte de produit cartésien tombe. Il est donc possible de rajouter autant de fois que nécessaire un même produit au sein d'un ticket.

 Nous avons conservé l'attribut quantite dans l'entité dépendante LigneTicket car beaucoup de systèmes de caisse permettent de référer un article et d'en indiquer la quantité.

23.3 Entité dépendante et contrainte explicite de produit cartésien

Le choix entre la contrainte implicite de produit cartésien, Figure 160, et l'absence de contrainte de l'entité dépendante, Figure 161, peut être difficile.

Imaginons la modélisation de bulletins de livraisons : il est possible de modéliser une association n:n entre articles et bulletins de livraisons dans la perspective de la préparation groupée des articles mais ce modèle ne supporterait pas de dégrouper[63] des articles.

Il est possible de réaliser un modèle médian entre la contrainte implicite de produit cartésien de l'association n:n et la souplesse de l'entité dépendante.
Cette voie médiane consiste à :
- Mettre en place une entité dépendante qui offre la souplesse structurelle.
- Simuler ou pas le produit cartésien à l'aide du stéréotype «CP».

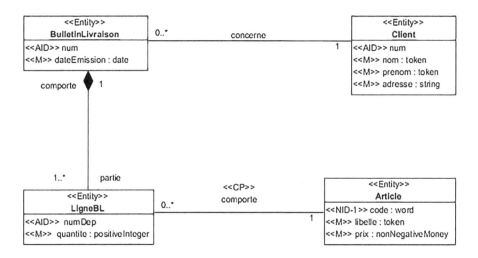

Figure 162 - Contrainte explicite d'unicité du couple BulletinLivraison & Article

Le stéréotype «CP» sur l'association comporte spécifie qu'une contrainte de produit cartésien doit être réalisée avec l'association identifiante de composition de l'entité dépendante LigneBL. Donc, pour chaque bulletin de livraison, un même produit ne peut apparaître qu'une seule fois. Si cette contrainte devait être éliminée, il suffit de retirer le stéréotype «CP».

---

[63] Par exemple, un robot qui ne trouve pas la quantité voulue d'un article à un emplacement et qui est relayé par un autre robot qui va chercher le solde des articles à un autre emplacement.

24 Contraintes sur les attributs des entités associatives

En plus de la contrainte implicite de produit cartésien, une entité associative peut soulever des problèmes de définition des contraintes de ses attributs; en effet, l'un ou l'autre attribut peut avoir une contrainte d'unicité qu'il y aurait lieu d'exprimer dans le contexte d'un seul de ses parents.

24.1 Unicité d'attribut non assumée

L'exemple de la Figure 163 montre la composition de bobs, soit :
- un pilote;
- un freineur;
- deux équipiers pousseurs; l'attribut position de l'entité associative Equipier permet d'enregistrer la position (1 ou 2) de chacun des équipiers pousseurs d'un bob à 4.

Les cardinalités minimale de 0 sur les différentes associations permettent d'enregistrer la composition des bobs, à 2 ou à 4, au fur et à mesure que les informations sont fournies :
- qui est le pilote ;
- qui est le freineur ;
- quels sont les équipiers pousseurs pour les bobs à 4.

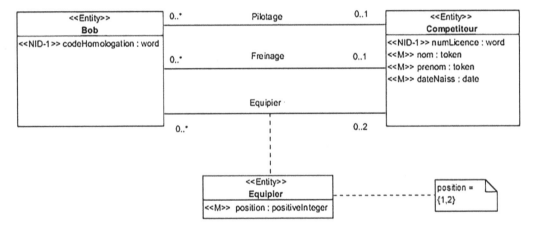

Figure 163 - Produit cartésien Equipier de la composition d'un bob à 4

Ce modèle ne spécifie pas qu'il n'y a qu'une seule position 1 et qu'une seule position 2 par bob.

Nous aurions pu spécifier les valeurs possibles (1 ; 2) de position en recourant à un domaine énuméré.
Le produit cartésien assume qu'un même compétiteur ne peut pas être équipier 1 et 2 d'un même bob ; par contre, il faudrait recourir à des contraintes {disjoint} pour spécifier qu'un compétiteur ne peut assumer plus d'un rôle.

24.2 Contrainte d'ordonnancement

Pour le placement des équipiers d'un bob à 4, l'attribut position de la Figure 163 peut être remplacé par une contrainte **{ordered}** sur le rôle Competiteur de l'association Equipier.

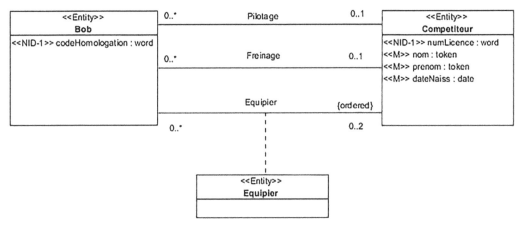

Figure 164 – Contrainte d'ordonnancement

Le modèle de la Figure 164 nous permet de placer les deux équipiers d'un bob à 4 l'un par rapport à l'autre mais pas dans l'absolu ; ce modèle ne nous permet pas d'enregistrer un équipier pousseur en position 2 (3 en comptant le pilote) si l'équipier pousseur en position 1 (2 en comptant le pilote) n'est pas déjà saisi alors que nous avons des cardinalités de 0 pour enregistrer la composition des bobs au fur et à mesure de l'arrivée des informations.

24.3 Entité dépendante et unicité assumée

Pour le placement des équipiers d'un bob à 4, non pas simplement l'un par rapport à l'autre mais, dans une position précise, nous pouvons recourir à une entité dépendante.

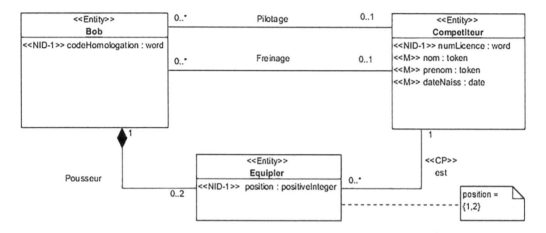

Figure 165 - Entité dépendante et unicité assumée

L'entité dépendante Equipier permet de représenter les deux postes d'équipiers pousseurs d'un bob à 4. L'attribut identifiant naturel position fixe la position absolue et unique d'équipier 1 ou d'équipier 2.
L'association est entre Equipier et Competiteur permet de déterminer quel est le compétiteur qui occupe quel poste d'équipier.

L'association n:n Equipier des figures précédentes assure qu'un même compétiteur ne peut être équipier 1 et 2 d'un même bob. L'entité Equipier de la Figure 165 étant dépendante et non plus associative, il nous faut recréer le produit cartésien d'équipier entre Bob et Competiteur ; pour ce faire, nous rajoutons le stéréotype **«CP»** sur l'association est entre Equipier et Competiteur.

 Le stéréotype **«CP»** doit définir un produit cartésien entre Bob et Competiteur sans prendre en compte l'identifiant naturel de l'entité Equpier. Nous affinerons la notation pour prendre en compte cette restriction dans une prochaine version du livre.

24.4   Domaine et contraintes {disjoint}

Nous avions fait remarquer précédemment que la position des équipiers pourrait être vérifiée par un domaine et que les compétiteurs ne devraient pas avoir plus d'un rôle au sein d'un bob. Le modèle de la Figure 166 montre la mise en place d'un domaine de type énumération pour la position des équipiers et les contraintes **{disjoint}** pour éviter deux rôles différents d'un compétiteur au sein d'un bob.

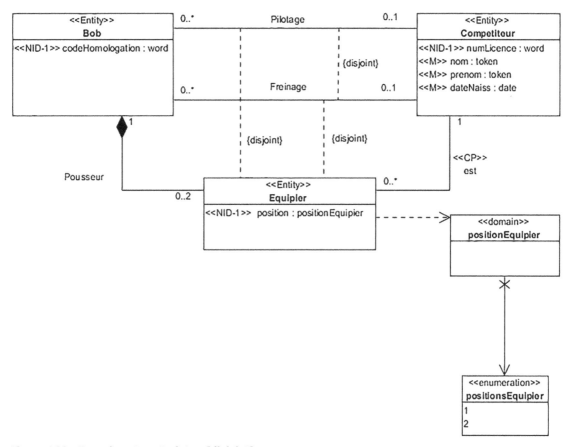

Figure 166 – Domaine et contraintes {disjoint}

 Nous pouvons mettre une contrainte **{disjoint}** entre l'entité Equipier et les associations Pilotage et Freinage car l'entité Equipier associe obligatoirement un bob et un compétiteur.

25 Association identifiante naturelle ou de composition

L'entreprise de transport **DeplaceTout** effectue des transports.

Ses camions sont attribués à des dépôts répartis dans toute la Suisse.

Les camions portent un identifiant sur la face avant de la forme Cressier-22 : Cressier est le nom du dépôt auquel est attribué le camion et 22 un numéro d'ordre représentant un camion du dépôt. Pour chaque dépôt, les camions sont numérotés de 1 à n,, il peut y avoir un camion Nyon-22 ou un camion Dietikon-22. En plus de cet identifiant sur la face avant, chaque camion peut être identifié par son numéro de châssis.

Les camions peuvent être transférés d'un dépôt à un autre. Dans ce cas, l'identifiant de leur face avant est modifié. Par exemple, le camion Cressier-22 déplacé à Dietikon devient Dietikon-8.

Les camions se voient attribués une place de parc dans le dépôt auquel ils sont attribués. Les places de parc sont numérotées de 1 à n pour chaque dépôt. La place Cressier-8 est attribuée au camion Cressier-22.

Figure 167 - Camion Cressier-22

Les besoins exprimés par le cas pratique ci-dessus peuvent être représentés par le modèle de la Figure 168.

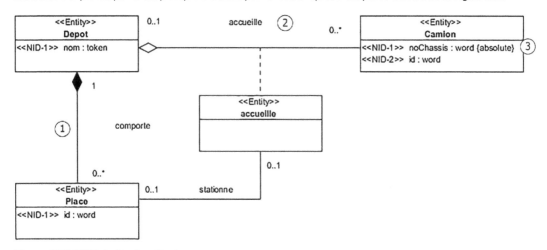

Figure 168 MCD de DeplaceTout

L'association ① comporte est identifiante de composition. Une place de parc est une partie d'un dépôt ; elle ne peut pas être déplacée d'un dépôt à un autre.

L'association ② accueille est identifiante naturelle. Un camion n'est pas une partie d'un dépôt ; il existe pour lui-même et peut être déplacé d'un dépôt à un autre.

L'identifiant naturel ③ noChassis de Camion est absolu. Un camion peut exister sans être attaché à un dépôt et doit être identifiable sans ambiguïté.

26   Attribut de pseudo entité associative

26.1   Attribut sur l'entité enfant

De manière usuelle, les attributs d'une association de degré 1:1 ou 1:n se mettent au niveau de l'entité enfant de la relation mais la lisibilité des modèles ou diagrammes est plus difficile. De plus, si plusieurs associations existent, il y a lieu de développer une stratégie de nommage pour différencier les attributs comme illustré dans la Figure 169

 Un temps est alloué pour diriger un examen.
Un temps est alloué pour expertiser un examen.

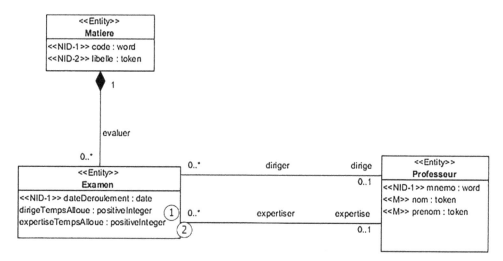

Figure 169 - Attributs liés à une association

L'attribut ① est préfixé dirige pour marquer le rôle de direction.
L'attribut ② est préfixé expertise pour marquer le rôle d'expertise.

Lorsqu'un attribut doit pouvoir être saisi indépendamment de l'existence ou pas d'une association, cet attribut doit être créé au niveau de l'entité enfant comme illustré ci-dessus.

26.2   Attribut sur la pseudo entité associative

Lorsqu'un attribut doit être saisi en étant subordonné à l'existence d'une association, il y a lieu de créer une pseudo entité associative qui accueillera cet attribut.

 Un temps effectif de direction d'examen doit pouvoir être saisi si l'association Diriger est créée.
Un temps effectif d'expertise d'examen doit pouvoir être saisi si l'association Expertiser est créée.

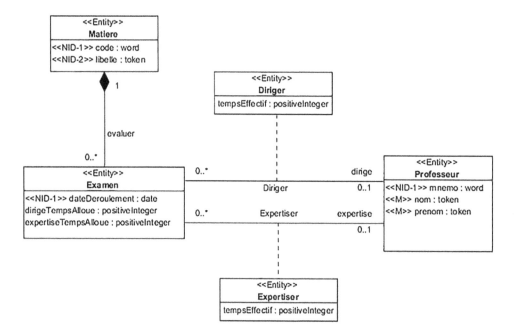

Figure 170 - Attributs au sein d'entités associatives

Lorsqu'un attribut ne peut être saisi que s'il est subordonné à l'existence d'une association, cet attribut doit être créé au sein d'une pseudo entité associative comme illustré ci-dessus.

27 Généralisation et spécialisation

27.1 Sous-ensembles et partitionnement d'ensemble

Au chapitre 12.6, nous avons présenté la notion de sous-ensembles et de partitionnement en nous appuyant sur un seul exemple de partitionnement. Ci-après, nous complétons notre présentation de base en donnant un exemple de sous-ensembles et un autre exemple de partitionnement.

 Le contexte de notre exemple est une bibliothèque.
Tout livre est défini par un code, il porte un titre et une date d'édition.
De plus :
- Un livre pour enfant porte un intervalle d'âge de lecture conseillée.
- Un livre d'enseignement est doté d'un niveau de difficulté.

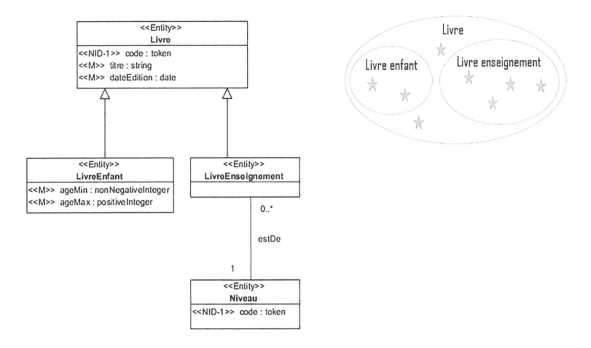

Figure 171 - Sous-ensembles de livres

Le contexte de notre exemple est une crèche.
Un enfant est un garçon ou une fille[64].

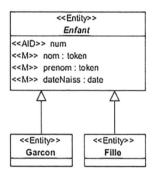 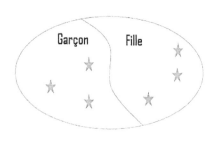

Figure 172 - Partitionnement d'enfants

Pour rappel : Un ensemble partitionné est représenté par une entité généralisée abstraite.

27.2   *Imbrication de généralisation - spécialisation*

Naturellement, les concepts de sous-ensembles et de partitionnement peuvent s'imbriquer sur plusieurs niveaux.

 Le contexte de notre exemple est toujours une crèche.
Une éducatrice est une personne employée par la crèche.
Un enfant est un garçon ou une fille, mais c'est naturellement aussi une personne.
Parmi les personnes qui ne sont ni éducatrices, ni enfants nous auront les parents et autres partenaires de la crèche.

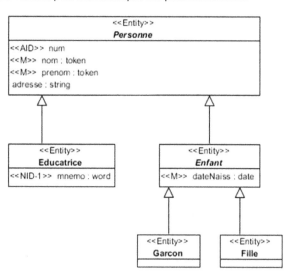

**Figure 173 - Imbrication de généralisation -
spécialisation**

---

[64] Attention, ceci n'est pas vrai en toute situation. Un troisième genre, indéterminé ou neutre, peut être nécessaire selon la législation, la réglementation ou autre.

27.3   Discussion

Les structures de spécialisation – généralisation sont très contraignantes :
- L'ajout d'une entité spécialisée nécessite de revoir le modèle.
- La modification de la structure de généralisation – spécialisation nécessite aussi de revoir le modèle.
- Il n'est pas possible de modifier l'appartenance d'une occurrence d'entité spécialisée, par exemple de la spécialisation Garçon à la spécialisation Fille. Ce besoin de changement n'est pas forcément lié à une mutation de l'occurrence de l'entité spécialisée mais peut être simplement dû une erreur de saisie.

Face à ces limites, nous recommandons de ne recourir aux structures de spécialisation que lorsque le modèle de données est figé, ce qui est rarement le cas, et que les erreurs de saisies sont inexistantes ce qui est peu réaliste.

Dès lors, nous privilégions le recours à des modèles évolutifs et/ou supportant les erreurs.

Pour la gestion des enfants de la crèche et pour se prémunir d'erreurs, nous proposons un modèle où le genre de l'enfant est fixé, optionnellement ou pas par une entité de genre.

Figure 174 - Classification non rigide des enfants

Pour la gestion des livres et pour anticiper la création de nouvelles spécialisations de livre, nous proposons un modèle conceptuel utilisant une entité de référence hiérarchique [Chapitre 13.4] pour simuler la généralisation/spécialisation tout en permettant une extension de la spécialisation.

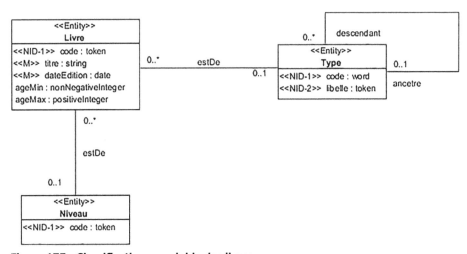

Figure 175 - Classification non rigide des livres

 Les attributs ageMin et ageMax de Livre sont optionnels car tout livre n'est pas un livre d'enfant.
L'association **estDe** est optionnelle pour Livre car tout livre n'est pas un livre d'enseignement qui lui seul requiert un niveau.

28   Association réflexive et identification

28.1.1   Considérations générales

Une entité (nœud) comportant une association réflexive de quelque nature qu'elle soit, graphe, arbre ou liste, peut être dotée d'un ou plusieurs identifiants naturels.

Une association réflexive de quelque nature qu'elle soit, graphe, arbre ou liste, ne saurait être identifiante de composition.

S'agissant des graphes, les nœuds peuvent exister indépendamment des arcs. Les nœuds ne sauraient être parties d'autres nœuds et en plus:
- pour les graphes non orientés : il ne saurait y avoir de relation parent-enfant entre 2 nœuds;
- pour les graphes orientés : chaque nœud peut, au fil du temps, être associés à 0, 1 ou n nœuds parents. Il ne saurait donc y avoir une association identifiante de composition.

S'agissant des arbres, il y a toujours un élément (nœud) qui est la racine de l'arbre.

S'agissant des listes, il y a toujours un élément (nœud) de début de liste qui n'a pas de parent.

S'agissant des couples – même raisonnement que pour les graphes et les arbres.

28.1.2   Association identifiante naturelle

28.1.2.1   Graphe

Les associations matérialisant un graphe ne peuvent pas servir d'identifiants naturels car chaque nœud doit pouvoir exister pour lui-même. De plus, tout nœud peut être parent ou enfant de l'association réflexive.

28.1.2.2   Arbre

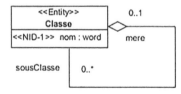

Figure 176 - Association identifiante naturelle

Face à une association réflexive de degré 1:n matérialisant un arbre, la question se pose de savoir si les différents éléments de l'arbre doivent être identifiés par leur parent.

Dans l'exemple ci-contre, l'association représente le découpage de classes en sous-classes et ceci en autant de niveaux que nécessaire. Toute classe, qu'elle soit classe racine ou sous-classe, peut être identifiée par un nom unique pour l'ensemble des classes; toutefois, il est certainement plus pertinent d'identifier les classes en référant à leur(s)[65] parent(s).

Très souvent, en présence d'une structure en arbre, tout élément (nœud) de l'arbre est identifié par son identifiant et l'ensemble de ceux de ses ancêtres.

---

[65] Au pluriel dans le cas d'une hiérarchie à plusieurs niveaux donc, parent, grand-parent, arrière grand-parent...

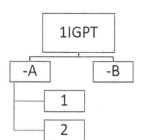

En reprenant notre exemple de classe, nous aurions une identification des classes qui pourrait être illustrée par le diagramme ci-contre.

La classe 1IGPT se décompose en sous-classes A et B; la sous-classe A se décompose à son tour en sous-classes 1 et 2.

Figure 177 - Diagramme de dépendances entre classes

Pour montrer l'identification naturelle par l'association réflexive 1:n, nous enrichissons l'association du diamant vide ◊ comme illustré dans la Figure 176 à l'identique de ce que nous faisons pour les associations non réflexives.

Le tableau ci-dessous illustre le principe d'identification de notre exemple.

Construction de l'identifiant			Identifiant résultant[66]
Classe.nom	Parent Classe.nom	Gd Parent Classe.nom	
1IGPT	-	-	1IGPT
A	1IGPT	-	1IGPT-A
1	A	1IGPT	1IGPT-A1
2	A	1IGPT	1IGPT-A2
B	1IGPT	-	1IGPT-B

Tableau 1 - Nommage des classes

Un autre exemple, très connu, d'association réflexive 1:n identifiante est celui de la structure de fichiers/répertoires des systèmes d'exploitation.

Ci-dessous, nous voyons 2 répertoires de même nom **exercices**; c'est bien ainsi car ce serait excessivement fastidieux de nommer de manière unique tous les répertoires et Fichiers d'un disque ou d'une partition.
De plus, l'arborescence donne une information précise : pour le premier cas, il s'agit du répertoire d'exercices du chapitre 110 du cours de modélisation alors que pour le second, il s'agit aussi du répertoire d'exercices du chapitre 320 du cours de méthodologie.

▶ modelisation-2005 ▶ chapitre_110 ▶ exercices ▶

▶ methodologie-2005HES ▶ chapitre_320 ▶ exercices ▶

Figure 178 - Répertoires de fichiers

---

[66] Il s'agit d'une données calculée, au niveau des interfaces utilisateurs. Nous avons admis comme règle métier que :
- le nom des classes est séparé des sous-classes par un –;
- les sous-classes de 1er niveau sont nommées de A à Z;
- les sous-classes de 2ème niveau sont nommées de 1 à 9;
- il n'y a que 2 niveaux possibles d'ancêtres (au-delà, il faudrait étendre les règles de nommage ci-dessus).

L'association réflexive d'un arbre n'est pas obligatoirement identifiante. Dans ce cas, le ou les attributs identifiants naturels doivent être atomiques et ne pas contenir la référence de l'un ou l'autre nœud parent.

Pour expliciter notre remarque, reprenons notre exemple des classes et imaginons notre arborescence de classes sans identification naturelle, nous aurions alors les classes nommées comme ci-dessous. Tout changement de nom d'une classe parent impliquerait de renommer toutes les classes descendantes.

Classe.nom
1IGPT
1IGPT-A
1IGPT-A1
1IGPT-A2
1IGPT-B

Tableau 2 - Nommage des classes ne respectant pas le principe d'atomicité

28.1.2.3   Liste

Face à une association réflexive de degré 1:1 orientée matérialisant une liste, il nous semble que l'association n'est pas candidate à devenir identifiante; en effet les nœuds sont plus dans une relation de fratrie que dans une relation de descendance/ascendance.

Toutefois, nous ne saurions affirmer et prouver qu'une association réflexive de degré 1:1 orientée ne saurait être identifiante.

28.1.2.4   Couple

Nous pouvons faire le même raisonnement que pour le graphe [Chapitre 28.1.2.1].

29   Historisation

29.1   Datation

Très couramment, en informatique de gestion, l'historisation est relative à la prise en compte des éléments temporels de validité d'une information. Les éléments temporels peuvent être des attributs de date ou des associations avec des entités qui représentent des éléments temporels comme des jours, semaines, mois, années ou encore d'autres découpages utiles et nécessaires à satisfaire les besoins du SII à concevoir.

Dans la littérature francophone, nous trouvons souvent des modèles où les attributs de type **date** sont remplacés par des associations sur une entité Date comme illustré ci-dessous.

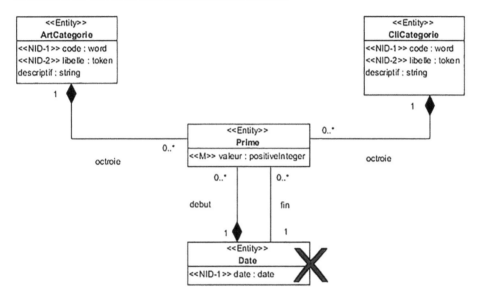

Figure 179 – Entité Date selon l'approche francophone

Nous proscrivons cette manière de faire comme nous l'expliquons au chapitre 6.3.

Par contre, si nous voulons enregistrer l'information consistant à savoir si une date correspond à un jour férié, nous créons une entité Jour qui a comme identifiant naturel la date du jour et comme attribut ferie qui contiendrait les valeurs **True** ou **False**.

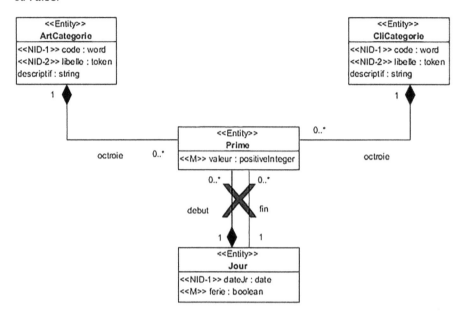

Figure 180 – Entité Jour avec des associations déconseillées

Si nous préconisons une entité **Jour**, nous déconseillons malgré tout de l'associer systématiquement pour référencer des dates. En effet, le nombre d'associations qui en découlerait dans un projet réel d'entreprise deviendrait une source de difficulté alors qu'un simple attribut date permet de référencer sans aucune ambiguïté l'enregistrement correspondant dans l'entité **Jour** pour savoir, par exemple, si une date donnée correspond à un jour férié.

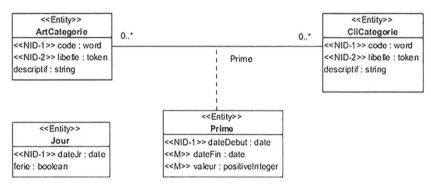

Figure 181 – Entité Jour préconisée

29.2 Exemple de gestion scolaire

L'exemple ci-dessous montre l'historisation de données scolaires

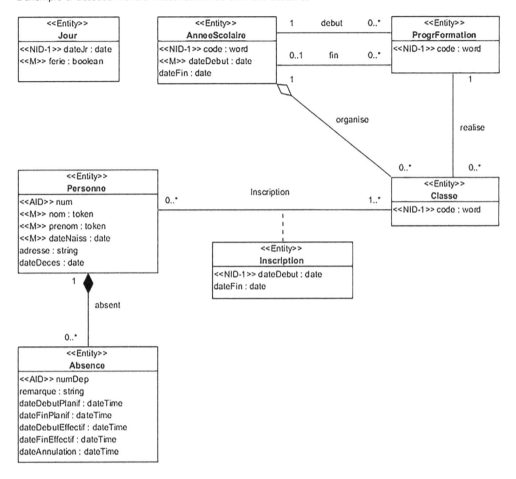

Figure 182 – Historisation d'informations scolaires

L'entité Jour nous permet de déterminer si une date correspond à un jour férié.
Nous n'établissons pas d'association entre l'entité Jour et les autres entités pour référencer les dates, d'une part, pour éviter de surcharger le modèle et d'autre part, car le jour n'a pas forcément de signification comme par exemple pour la date de naissance d'une personne.

L'entité AnneeScolaire est un élément temporel formé d'un intervalle de temps balisé par les attributs dateDebut et dateFin.

L'entité ProgFormation est un élément temporel formé d'un intervalle de temps balisé par les 2 associations debut et fin avec l'entité AnneeScolaire. Par cet exemple, nous confirmons qu'un élément temporel n'est pas forcément une date mais peut être une association avec une entité dotée d'une caractéristique temporelle.

L'entité Absence est dotée de 2 couples de dates : le premier couple (dateDebutPlanif et dateFinPlanif) permet de créer une absence annoncée à l'avance, le deuxième (dateDebutEffectif et dateFinEffectif) mémorise les dates effectives de l'absence.

Sans ces 2 couples, il ne serait pas possible de faire des comparaisons entre ce qui a été planifié et ce qui a été réalisé. Il est évident, qu'il appartient aux « utilisateurs » ou au donneur d'ordre de se prononcer sur l'utilité de faire une telle comparaison.

En mettant en place 2 attributs temporels qui doivent être fusionnés en une seule valeur à un moment donné, il y a lieu d'utiliser ou de développer des mécanismes de fusion. Par exemple au niveau du langage PL/SQL de la base de données Oracle, il est possible d'utiliser la fonction **NVL(**dateDebutEffectif, dateDebutPlanif**)** qui rendra dateDebutEffectif si une valeur existe et dateDebutPlanif sinon.

L'attribut dateAnnulation de l'entité Absence correspond à une suppression logique. Il est interdit de supprimer une absence qui est peut-être référencée dans un récapitulatif ou autre.

Lors de la lecture des absences, nous nous restreindrons, pour un usage normal, à celles qui ne sont pas supprimées logiquement, c'est-à-dire, celles qui n'ont pas de valeur dans l'attribut dateAnnulation.

De prime abord, cela choque, mais la mort est un événement naturel que nous devons prendre en compte dans notre travail de modélisation. L'attribut dateDeces de l'entité Personne va nous permettre d'utiliser cet élément comme critère dans les éventuelles requêtes d'envoi de courrier ou autres et éviter des impairs vis-à-vis de la famille et des proches tout en conservant toutes les informations relatives à cette personne pour des besoins de statistiques, de facturation ou autres.

29.3   *Exemples de prix de produits*

Le prix de vente d'un produit est un bel exemple d'information historique. Nous intéresse-t-on au prix actuel, au prix du 15 juin de l'an passé ou au prix que nous pratiquerons dès le 1er du mois prochain ?

Il est évident qu'avec un attribut prix au niveau de l'entité Produit, nous ne pourrions répondre à ce genre de question, tout comme il ne serait pas possible de saisir un nouveau prix en prévision d'un changement à venir! S'agissant du dernier point, c'est ce genre d'erreur qui fait que « le système informatique » oblige les utilisateurs à faire un certain nombre de saisie sous stress à un moment précis; par exemple, à la fermeture du magasin, avant la prochaine réouverture pour appliquer les nouveaux prix.

Il n'y a pas un modèle de référence pour historiser les changements de prix d'un produit. Il peut y avoir autant de modèles qu'il y a de règles de gestion de changement de prix de produits.

Nous proposerons ci-après 3 manières de faire qui débouchent sur 3 modèles différents qui nous semblent illustratifs du mécanisme d'historisation.

 Pour ce chapitre, nous créons une entité Produit sans rapport avec l'entité Article du cas pratique [Chapitre 20.4].

29.3.1 Changements de prix individuels

La première manière de faire que nous retenons consiste à pouvoir changer les prix de chaque produit individuellement. Un prix de produit est fixé pour une date donnée et il est appliqué tant qu'un nouveau prix n'est pas fixé ou que la date de validité du nouveau prix n'est pas atteinte. Ce mécanisme est illustré l'échelle temporelle ci-dessous.

- Le 01.01.2015, le prix du produit 126.74.B est celui qui a été fixé le 01.11.2014 soit 16.-.
- Le 06.06.2015, le prix du produit 126.74.B est le dernier qui a été fixé, le 01.03.2016, soit 18.-.

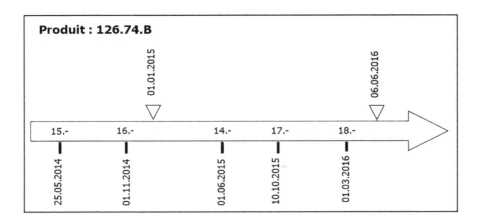

Figure 183 - Echelle temporelle de prix d'un produit

Le modèle ci-dessous permet de faire des changements de prix individuels tels que nous venons de le décrire.

Figure 184 – Historisation de prix de produit individuel

L'identifiant naturel dateDebutValidite permet de définir l'échelle temporelle spécifique à un produit.

29.3.2 Prix adossés à un catalogue

La deuxième manière de faire que nous retenons consiste à créer un catalogue de produits et fixer le prix du produit au sein du catalogue.

- Un caleçon de bain est à 50.- dans le catalogue Été 2016 ; il était à 70.- dans le catalogue Hiver 2015/2016.

Le modèle ci-dessous permet de définir les prix d'un produit par rapport à un catalogue.

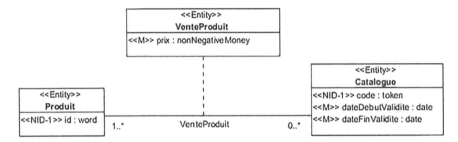

Figure 185 – Catalogue temporel de prix d'un produit

L'entité Catalogue définit un intervalle temporel de validité des prix des produits regroupés dans un catalogue. Naturellement, un même produit peut apparaître dans différents catalogues et ainsi permettre un historique de ses prix de vente au sein de l'entité associative VenteProduit.

 L'entité associative VenteProduit permet de représenter le fait qu'un produit est dans un catalogue ou pas. L'attribut prix n'est qu'une propriété, parmi d'autres possibles, liée à l'existence de l'association.

29.3.3   Prix annuels avec changements individuels

La troisième manière de faire que nous retenons consiste à fixer un prix de produit pour une unité temporelle et à prévoir d'éventuels changements individuels.

Pour l'année 2016, le prix du produit 126.66.C est de 20.-
Dès le 1er juin, de l'année 2016, le prix est ajusté à 19.- et à 22.- dès le 20 octobre.

Le modèle ci-dessous permet de définir les prix d'un produit pour une année civile tout en ayant la possibilité de créer des prix spéciaux.

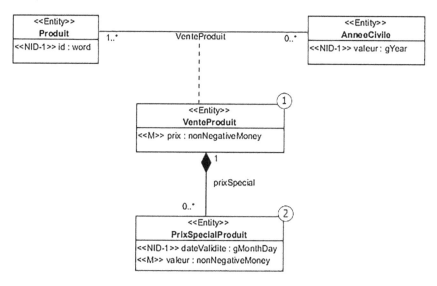

Figure 186 - Prix annuel avec déclinaisons particulières

Dans un premier temps, les prix de produit sont définis pour chaque année civile ①. Ensuite, des prix particuliers ② peuvent être définis à partir d'une date de l'année civile de rattachement.

29.4   Traçabilité

L'historisation ne concerne pas que la gestion de l'aspect temporel; il s'agit aussi de garantir la traçabilité du cheminement qui conduit à fixer des valeurs de données.

Pour illustrer notre propos, nous nous appuierons sur un processus d'élaboration de notes d'examen dans le cadre d'une gestion scolaire. Naturellement, ce cas est totalement imaginaire. Nous nous sommes fixés les règles métier listées dans le Tableau 3 et pour pouvoir les mettre en œuvre, nous avons créé les éléments de modélisation induits.

Règle métier	Elément de modélisation induit
Tout examen annonce le nombre de points maximum réalisable.	① Attribut **Examen.nbPointsMax**
Un élève s'inscrit ou pas à un examen.	② Association n:n **Inscription**
Tout élève qui participe à un examen obtient un nombre de points compris entre 0 et le maximum de l'examen.	③ Attribut **Inscription.nbPointsObtenus**
La note de l'élève est obtenue en appliquant la formule : 1 + (nombre de points de l'élève/ nombre de points maximum de l'examen)*5.	④ Attribut **Inscription.noteAutomatique**
En séance des maîtres, la note calculée peut être poussée vers le haut.	⑤ Attribut **Inscription.noteRetenue**
Après la séance des maitres, les notes ne sont plus modifiables.	⑥ Attribut **Examen.dateValidation**

Tableau 3 - Règles métier d'élaboration de notes

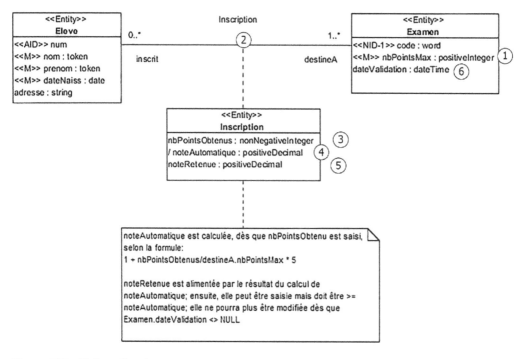

Figure 187 - Elaboration de notes

Nous constatons dans l'énoncé de nos règles métier que :
- la note de l'élève est calculée automatiquement selon une formule de conversion des points;
- la note de l'élève peut être augmentée en séance des maîtres.

Si nous avions un seul attribut note, il ne serait pas possible de garantir la trace des corrections faites en séance des maîtres.

Peut-être que nous pourrions tout de même nous appuyer sur une seule note qui serait celle validée en séance des maitres sachant que la note automatique peut être recalculée, mais c'est une fausse bonne idée car ce nouveau calcul ne peut être garanti, ne serait-ce que par un changement, volontaire ou pas, de la formule!

Pour que la traçabilité soit garantie, il faut empêcher la modification des notes lorsqu'elles sont définitivement arrêtées en séance des maîtres; pour cela, nous avons mis l'attribut dateValidation dans Examen. Dès que cet attribut est saisi, un traitement devra empêcher la modification des 2 notes.

Ce traitement ne peut être modélisé à ce stade car il relève de la dynamique du système et la modélisation des données se focalise sur l'aspect statique [Figure 4]. C'est probablement un peu comme les plans de l'architecte qui montrent l'ouverture des fenêtres et des portes mais qui ne sauraient prévoir la fermeture des portes et fenêtres en cas de risque de courants d'air.

30   Contraintes sous forme d'invariant OCL

30.1   Contrainte de boucle

Dans un modèle conceptuel de données, une boucle apparaît lorsqu'il est possible de naviguer[67] d'une entité ou association de départ vers une entité d'arrivée par plus d'un chemin. Une contrainte de boucle va spécifier que, quel que soit le chemin parcouru, l'occurrence d'entité d'arrivée soit toujours la même.

L'exemple de la Figure 188 montre les règles suivantes :
1.   Tout projet est destiné au seul département qui le mène.
2.   Un employé est attribué à un seul département.
3.   Un projet requiert la collaboration d'un ou plusieurs employés, chaque employé peut collaborer à plusieurs projets.
4.   Tout employé qui collabore à un projet doit être attribué au département auquel est destiné le projet.

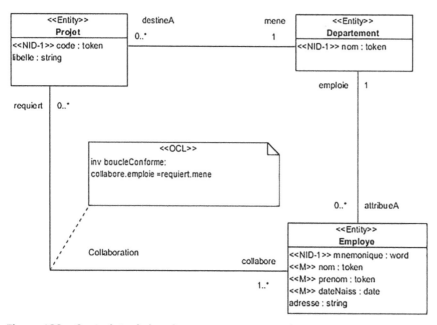

Figure 188 – Contrainte de boucle

La contrainte OCL posée dans la note rattachée à l'association Collaboration spécifie qu'en partant de celle-ci on rejoint le même département que ce soit en passant par l'entité Projet ou par l'entité Employe et ceci afin de respecter la 4ème règle énnoncée ci-dessus.

---

[67] Voir le chapitre 17.6.

Chapitre 30

A propos de l'invariant boucleConForme :

    requiert.mene   -   la première alternative de chemin

                                       requiert permet d'accéder à l'occurrence d'entité de Projet qui participe à l'association Collaboration
mene permet d'accéder à l'occurrence de Departement qui est associée à l'occurrence de Projet accédée par requiert

    collabore.emploie   -   la deuxième alternative de chemin

                                       collabore permet d'accéder à l'occurrence d'entité de Employé qui participe à l'association Collaboration
emploie permet d'accéder à l'occurrence de Departement qui est associée à l'occurrence de Employé accédée par collabore

    =   -   l'opérateur d'égalité des deux chemins

Annexes

A   Glossaire

AGL	Atelier de génie logiciel Concept proche de CASE en anglais
ANSI	American National Standards Institute Institut américain de normalisation http://www.ansi.org/
biunivoque	Un élément a_i de l'ensemble A a un et un seul élément b_j correspondant dans B et vice-versa.
CASE	Computer Aided System Engineering Concepts proches d'AGL en français
CPLN	Centre professionnel du Littoral neuchâtelois
Designer	Outil CASE du constructeur Oracle utilisé couramment entre les années 1995 et 2005.
DSL	Domain Specific Language Langage spécifique à un domaine
Expression régulière	Chaîne de caractères ou motif qui décrit la forme que doivent avoir les éléments d'un ensemble.
ISO	Organisation internationale de normalisation www.iso.org
ISO-8601	[https://fr.wikipedia.org/wiki/ISO_8601] (consulté le 11 août 2016) *La norme internationale ISO 8601 spécifie la représentation numérique de la date et de l'heure — respectivement basées sur le calendrier grégorien et le système horaire de 24 heures. Cette notation, créée en 1988, est particulièrement destinée à éviter tout risque de confusion dans les communications internationales dû au grand nombre de notations nationales différentes.*
ISO 3166-1	Norme ISO des codes de représentation des noms et codes normalisés de pays Pour plus de détails : https://fr.wikipedia.org/wiki/ISO_3166-1
IT	Information Technology Technologies de l'information
MCD	Modèle conceptuel de données Seuls les traits très abstraits de la réalité à représenter apparaissent sous forme d'entités, éléments de même nature, et d'associations entre entités. Concept proche du modèle du domaine d'UP
MDA	Model Driven Architecture Architecture pilotée par la modélisation.
MDE	Model Driven Engineering Ingénierie dirigée par les modèles.
MLD	Modèle logique de données Les éléments technologiques de mise en œuvre apparaissent mais sans détails spécifiques.
MLD-R	Modèle logique de données de type relationnel
Mécanographie	[Petit Robert] *Emploi de machines ou de dispositifs mécaniques pour les opérations logiques (calculs, tris, classements) effectués sur des documents (administratifs, comptables, commerciaux, techniques, scientifiques).*
MLD-T	Modèle logique de données de type tableur ou feuille de calcul

Modélisateur	Rôle du professionnel qui réalise des modèles pour représenter le monde réel ou pour élaborer l'architecture d'un système à produire
MPD	Modèle physique de données Les éléments spécifiques à une solution de mise en œuvre apparaissent avec tous les détails nécessaires à l'implantation.
MPD-R	Modèle physique de données de type relationnel
MPD-T	Modèle physique de données de type tableur ou feuille de calcul
MVC	Model View Controler Patron de conception modèle-vue-contrôleur
MVC-CD	Projet de recherche mené par les auteurs MVC : Patron de conception MVC CD : Contrôleur de données Partie spécifique au contrôle de données du patron de conception modèle-vue-contrôleur
OCL	Object Constraint Language Langage de description de contrainte adossé à UML. http://www.omg.org/spec/OCL/
PL/SQL	Langage de programmation de procédures stockées propre aux bases de données SQL d'Oracle
Relationnel	Modèle basé sur les relations entre éléments (colonnes) d'une relation (table) Le modèle relationnel a été proposé par E. F. Codd en 1970.
SI	Système d'information de l'entreprise
SII	Système d'information informatisé de l'entreprise Partie automatisée, à l'aide des technologies de l'information, du SI de l'entreprise
SGBD	Système de gestion de base de données
SGBD-R	Système de gestion de base de données relationnelle
SQL	Structured Query Langage Langage d'exploitation de bases de données relationnelles
SQL ANSI	Normalisation du langage SQL par l'ANSI
SQL-DCL	Structured Query Langage - Data Control Language Instructions de contrôle du langage SQL (COMMIT, ROLLBACK...)
SQL-DDL	Structured Query Langage - Data Definition Language Instructions de définition de structure de données du langage SQL (CREATE, ALTER...)
SQL-DML	Structured Query Langage - Data Manipulation Language Instructions de manipulation de données du langage SQL (INSERT, UPDATE...)
SQL Server	SGBD-R commercialisé par Microsoft
TI	Technologies de l'information
Transact-SQL	Langage de programmation de procédures stockées propre aux bases de données SQL Sybase et SQL Server
UML	Unified Modeling Language Logiciel de modélisation pour UML offrant des services d'AGL http://uml.org/
UP	Unified Process Méthode de développement de logiciels de gestion orientée objet proposée par Booch, Rumbaugh et Jacobson

Visual Paradigm	Logiciel de modélisation pour UML www.visual-paradigm.com
VP	Visual Paradigm
W3C	World Wide Web Consortium http://www.w3.org/

B   Index

C   Bibliographie

Blanc, X., (2005), "MDA en action : Ingénierie logicielle guidée par les modèles", Eyrolles, Paris

Jacobson, I. Booch, G. et Rumbaugh J., (1999), "Le Processus unifié de développement logiciel", Eyrolles, Paris

Kettani, N., Mignet, D., Paré, P. et Rosenthal-Sabroux, C., (1999), *"De Merise à UML"*, Eyrolles, Paris

Kleppe, A., Warmer, J. et Bast W., (2003), "MDA Explained : The Model Driven Architecture(TM) : Practice and Promise", Addison Wesley

Koletzke, P. et Dorsey, P., (1999), *"ORACLE Designer handbook"*. McGraw-Hill Osborne

Larman, C., (2005), *"UML 2 et les design patterns"*, 3e edition, Pearson Education, Paris

Muller, P.-A. et Gartner, N., (2000) "Modélisation objet avec UML", Eyrolles

Nanci, D., Espinasse, B., Cohen, B. et Heckenroth, H., (1992), "Ingénierie des systèmes d'information avec Merise", Sybex

Rochefeld, A. et Moréjoni, J., (1989), *"La Méthode Merise Tome 3 : gamme opératoire"*, Les Editions d'organisation, Paris

Rumbaugh, J., Jacobson, I. et Booch, G., (2000), *"Le processus unifié de développement logiciel"*, Eyrolles, Paris

Rumbaugh, J., Jacobson, I. et Booch, G., (2004), *"UML 2.0 Guide de référence"*, CampusPress, Paris

Satzinger, J.W., Jackson, R., Burd, S., Simond M., et Villeneuve, M., (2002), *"Analyse et conception de systèmes d'information"*, Editions Raynald Goulet, Canada

Tardieu, H., Rochefeld, A. et Colleti, R., (1986), *"La Méthode Merise Tome 1 : principes et outils"*, Les Editions d'organisation, Paris

Tardieu, H., Rochefeld, A., Colleti, R., Panet, G. et Vahée G., (1985), *"La Méthode Merise Tome 2 : Démarche et pratiques"*, Les Editions d'organisation, Paris

Warmer, J. et Kleppe, A., (2003), "The Object Constraint Language", Addison Weslay

www.ingramcontent.com/pod-product-compliance
Lightning Source LLC
Chambersburg PA
CBHW080415060326
40689CB00019B/4253